SUPERANDO TUS FOBIAS

Quitale el Freno a tu Vida y Dile Adiós a Cualquier Miedo Paralizante

ALEXIS FISCHER

© Copyright 2021 – Alex Fischer - Todos los derechos reservados.

Este documento está orientado a proporcionar información exacta y confiable con respecto al tema tratado. La publicación se vende con la idea de que el editor no tiene la obligación de prestar servicios oficialmente autorizados o de otro modo calificados. Si es necesario un consejo legal o profesional, se debe consultar con un individuo practicado en la profesión.

- Tomado de una Declaración de Principios que fue aceptada y aprobada por unanimidad por un Comité del Colegio de Abogados de Estados Unidos y un Comité de Editores y Asociaciones.

De ninguna manera es legal reproducir, duplicar o transmitir cualquier parte de este documento en forma electrónica o impresa.

La grabación de esta publicación está estrictamente prohibida y no se permite el almacenamiento de este documento a menos que cuente con el permiso por escrito del editor. Todos los derechos reservados.

La información provista en este documento es considerada veraz y coherente, en el sentido de que cualquier responsabilidad, en términos de falta de atención o de otro tipo, por el uso o abuso de cualquier política, proceso o dirección contenida en el mismo, es responsabilidad absoluta y exclusiva del lector receptor. Bajo ninguna circunstancia se responsabilizará legalmente al editor por cualquier reparación, daño o pérdida monetaria como consecuencia de la información contenida en este documento, ya sea directa o indirectamente.

Los autores respectivos poseen todos los derechos de autor que no pertenecen al editor.

La información contenida en este documento se ofrece únicamente con fines informativos, y es universal como tal. La presentación de la información se realiza sin contrato y sin ningún tipo de garantía endosada.

El uso de marcas comerciales en este documento carece de consentimiento, y la publicación de la marca comercial no tiene ni el permiso ni el respaldo del propietario de la misma.

Todas las marcas comerciales dentro de este libro se usan solo para fines de aclaración y pertenecen a sus propietarios, quienes no están relacionados con este documento.

Índice

Introducción — vii

1. El origen de las fobias — 1
2. Aprende sobre tu fobia — 21
3. La ansiedad y las fobias — 37
4. Fobias comunes — 59
5. Desarrolla un plan de tratamiento — 95
6. Preparándote para la exposición — 111
7. Otros recursos para el manejo de la ansiedad — 137
   Conclusión — 159

Introducción

El diccionario describe fobia como "Temor intenso e irracional, de carácter enfermizo, hacia una persona, una cosa o una situación." Y si estás leyendo este libro puede que eso sea exactamente lo que te está sucediendo a ti.

Las fobias han sido un misterio de la medicina psiquiátrica durante muchos años. Los profesionales en el tema aún no llegan a un consenso absoluto sobre cuál puede llegar a ser el origen de estos intensos miedos que interfieren con las vidas de las personas, en ocasiones ni siquiera permitirles operar con libertad. Estos miedos pueden parecer inofensivos al principio, especialmente si la frecuencia con la que te encuentras frente a tu objeto o situación temida es poca, sin embargo, algunos individuos pueden dejar de hacer actividades diarias gracias a que el miedo se ha apoderado de ellos. Algunos individuos dejan de frecuentar ciertos lugares, ver ciertas películas, evadir acciones en específico, o incluso dejar de salir de su casa por completo.

Algunos han propuesto que los traumas juegan un rol importante, mientras que otros se apoyan más en el condicionamiento temprano, donde las fobias son aprendidas a través de familiares, amigos, o incluso contenido mediático. Por otro lado, hay profesionales que proponen que existen componentes biológicos como funcionamientos erróneos en los sistemas neuronales. En la actualidad, se le ha prestado mayor atención a la manera en la que responde el cerebro ante estas atemorizantes situaciones y cuáles pueden ser los posibles orígenes de estos.

Una característica importante de las fobias son la ansiedad extrema y los ataques de pánico que pueden suceder durante la exposición a la situación u objeto temidos. Estos se caracterizan por diferentes sensaciones corporales que abarcan desde mareos, calores, sudoración, incremento de la respiración, y hasta, en casos más extremos, desmayos o reacciones cardiovasculares.

¿Algo de lo mencionado te suena familiar? Si crees que puedes padecer una fobia te tengo buenas noticias, a lo largo de los últimos años se han llevado a cabo diferentes investigaciones para el desarrollo de tratamientos que han probado ser eficaces para la reducción del miedo. El camino a la superación puede ser complicado, pero ciertamente no es imposible.

Te invito a leer con atención los capítulos de este libro que te llevará de la mano a crear un programa de tratamiento para ti.

1

El origen de las fobias

Por años se han estudiado las fobias como un comportamiento que afecta la calidad de vida de un individuo. Son complicadas de tratar, curar, y tienen repercusiones importantes en la funcionalidad dentro de la sociedad.

Los medios de entretenimiento como series de televisión de crimen y policíacos que la única forma de desarrollar una fobia es habiendo experimentado un terrible trauma que involucrara un objeto o situación específica a la que, eventualmente, llegamos a generar una aversión o miedo.

Aunque es cierto que la mayoría de las fobias se generan por una experiencia poco placentera o mala, la realidad es que los psicólogos y médicos aún no llegan a un consenso sobre la causa absoluta de ellas.

Algunas personas pueden recordar específicamente en qué momento comenzaron a tenerle un miedo irracional a alguna situación u objeto, mientras que otras desconocen por completo el origen de ello, pero lo que es seguro es que esos miedos están teniendo repercusiones importantes en su vida personal y profesional. Te pondré el ejemplo de Lorena, Lorena era una mujer de negocios que se desempeñaba en la rama de la publicidad y recientemente había conseguido un ascenso. Su nueva posición requiere que viaje mucho más de lo que hacía antes, sin embargo, Lorena tiene un gran problema. Sin importar si el vuelo dura media hora y doce horas, Lorena tiene un miedo extremo a volar, al punto de que lo había evitado a toda costa durante los últimos cinco años. La última vez que tuvo que volar estaba "hecha un desastre" durante toda la semana previa al vuelo. De hecho, también fue un desastre durante todo el tiempo que estuvo lejos gracias a que solo podía pensar en el vuelo de regreso. Se prometió a sí misma jamás volver a volar. Pero ¿cómo podría perder esta oportunidad laboral? Lorena temía que el avión se desplomara y eventualmente ella muriera.

Entraba en pánico por cualquier sonido o movimiento de la nave, incluso si eran comportamientos usuales. Lorena podía darse cuenta de que su miedo era extremo, pero no podía relajarse.

En contraste con su dificultad para viajar, Lorena se sentía muy cómoda con cualquier otro modo de transporte, incluyendo manejar por la autopista o tomar el tren. Sin embargo, Lorena se estaba viendo afectada por una fobia específica a volar.

Veamos también el ejemplo de Roberto, esta situación es un tanto distinta, sin embargo, notarás que él también se ve afectado por una fobia específica. Roberto empezó a sentirse incómodo a temprana edad al ver sangre o agujas. Recuerda haberse desmayado varias veces, como cuando vio que su hermano se raspara profundamente la rodilla o durante las campañas de vacunación en la escuela primaria. Incluso las escenas sangrientas de las series de televisión lo molestan: no puede verlas sin sentirse débil o mareado. A la edad de 35 años, Roberto no ha visitado un dentista en más de 12 años porque le teme a la inyección de la anestesia. Tiene miedo de desmayarse o no ser capaz de soportar el dolor de la inyección, sin embargo, el dolor que siente en sus dientes traseros comienza a empeorar, y Roberto no sabe qué hacer.

. . .

Una tercera forma de desarrollar una forma que pocas veces es presentada en los medios es durante la adultez.

Aunque pueda sonar poco probable, y ciertamente los casos son pocos en comparación, una persona puede desarrollar un miedo irracional a edad avanzada. Por ejemplo, Ana es una mujer de 55 años quien las últimas dos décadas se ha dedicado a ser ama de casa y una fiel madre para sus tres hijos. Junto con su esposo Alan decidieron empezar sus años de retiro lejos de la ciudad capital y en un área suburbana que pudiera ofrecerles un estilo de vida más tranquilo, seguro, y barato. Sin embargo, Ana no se había preparado para el tipo de problemas con los que se enfrentaría. Dentro de los primeros días de haberse mudado a su nuevo hogar, Ana se encontró con una gran lagartija posada entre las persianas de su habitación, y mientras estaba explorando el patio trasero se encontró con muchas otras más.

Cuando se enfrentó con ellas Ana se paralizó por completo y sintió extremo terror hasta que Alan pudo remover las lagartijas y llevarlas fuera de su vista. Desde entonces, Ana vive aterrada de encontrar más lagartijas en la casa. Escanea cada habitación antes de entrar en ella. Ana sufre de una fobia específica a las lagartijas.

. . .

Para que un miedo exagerado a un objeto en particular o una situación se considere una fobia, el miedo tiene que interferir de alguna manera en la vida de la persona o tener un efecto estresante en su cuerpo.

Si el miedo es apropiado gracias a los peligros reales de un objeto o situación en particular entonces no puede ser considerado una fobia. Por ejemplo, el miedo a ser asaltado mientras se está caminando por las calles oscuras de una gran ciudad por la noche no sería considerado una fobia. De la misma manera, tenerle miedo a ciertos insectos o reptiles que son considerados altamente venenosos y que existen en el área donde se reside, o el miedo a cruzar un puente de aparente desgaste e inestabilidad que cruza sobre un acantilado no serían considerados un miedo fóbico. Por otro lado, el miedo de caerse de una ventana cerrada de un edificio de veinte pisos y el miedo a reptiles inocentes en el zoológico son miedos irreales, y esta es una característica principal de las fobias.

Si el miedo no interfiere con las actividades diarias, entonces se mantiene como un simple terror y no realmente una fobia. Por ejemplo, el miedo a las serpientes o arañas no es considerado una fobia en personas que viven en áreas donde éstas son poco comunes, se considera un temor simplemente porque la persona jamás entra en contacto con el objeto temido. También, si una persona que tiene miedo a espacios cerrados como a los elevadores o aviones puede no ser fóbico si el miedo es relativamente menor, si no altera a la persona sobremanera, y si no afecta negativamente las actividades diarias.

Tener una fobia no significa que el objeto o situación a la que se teme es completamente evadido todo el tiempo.

Por ejemplo, una persona con fobia a los elevadores puede seguir utilizándolos, pero sintiendo una gran molestia o con el apoyo de ciertos medicamentos. Igualmente, una persona que vuela varias veces por año gracias al trabajo puede considerarse fóbica si cada vez que realiza un viaje pasa semanas preocupada y con problemas de sueño gracias a la preocupación sobre el vuelo. Un miedo extremo que causa estrés y complicación puede considerarse fóbico incluso si la evasión es mínima.

¿Por qué sentimos miedo?

El miedo es una emoción natural. Es un mecanismo de supervivencia básico que nos permite estar preparados físicamente para escapar de un peligro real (Ej. Si un auto estuviera dirigiéndose hacia ti), o para enfrentarnos con una respuesta agresiva. Por eso el miedo con frecuencia es llamado la respuesta de "pelear o huir". El cuerpo se activa por una El cuerpo se activa por una corriente de adrenalina cuando percibimos peligro y sentimos miedo, para que podamos responder rápidamente y escapar de la situación o encontrar otra manera de reducir la amenaza potencial.

Muchas de las sensaciones que experimentamos cuando nos atemorizamos están diseñadas para protegernos del peligro potencial. Por ejemplo, nuestros corazones se aceleran para llevar sangre a los músculos grandes y permitir que escapemos rápidamente, nuestra respiración incrementa para oxigenar nuestro cuerpo, y sudamos para enfriar el cuerpo y poder desempeñarnos más eficientemente. El punto clave aquí es que los miedos y las fobias son emociones naturales que ocurren cuando una persona percibe peligro.

El miedo y las fobias son experimentadas a través de tres sistemas corporales diferentes: el primero es el *sistema físico*, este incluye un gran rango de sensaciones como mareos, sudoraciones, palpitaciones, dolor en el pecho, falta de aire, malestar general, entumecimiento y cosquilleos, y otras sensaciones. El segundo es el sistema del comportamiento, este sistema incluye las actividades diseñadas para reducir los miedos y las fobias como el escapar, evitarlas, y recurrir a otros comportamientos de protección. El tercero es el sistema mental el cual incluye los pensamientos de terror y predicciones que contribuyen a los miedos y fobias, algunos ejemplos son la sensación de que "algo malo va a ocurrir" o brincar inmediatamente al peor escenario como el único resultado posible.

Las fobias específicas, como ya hemos visto, pueden ser enfocadas a cualquier objeto, animal, o situación, independientemente de si estas son comunes o no, siempre y cuando el miedo que se sienta sea extremo, cause estrés, y tenga repercusiones en la vida diaria de la persona.

Aunque en teoría se puede desarrollar una fobia a cualquier cosa, existen cuatro categorías principales en las que estas se clasifican:

- **Fobia a los animales**: pueden ser perros, gatos, ratones, serpientes, insectos, arañas, entre otros.
- **Fobia a los ambientes naturales**: incluyen las alturas, la oscuridad, el agua, las tormentas, el mar, entre otros.
- **Fobias situacionales**: pueden incluir actividades como manejar un coche, viajar por tren, autobús, o avión; también se incluyen situaciones de encierro o claustrofóbicas como estar en un elevador, cuartos pequeños y sin

ventanas, túneles, lugares con mucha gente, etc.
- **Fobias de sangre, inyecciones, y heridas**: ver sangre, observar una cirugía, recibir inyecciones, o situaciones relacionadas con agujas, utensilios médicos, o exceso de sangre.
- **Otras fobias**: Los otros tipos de fobias a objetos y situaciones circunscritas como las fobias al vómito, a atragantarse, ciertos tipos de música, alimentos nuevos, globos, nieve, chocolate, o las nubes.

Como podrás notar, existen varios y diferentes tipos de fobias específicas. Un aspecto característico de las fobias a la sangre, inyecciones, y heridas es que las reacciones fóbicas con frecuencia están relacionadas con experiencias de desmayo o un casi desmayo. Además, a diferencia de muchas otras fobias específicas, el miedo a la sangre, inyecciones, y heridas, tiende a correr en la familia.

También debes de tomar en cuenta que tener una fobia específica no te excluye de tener otras fobias. De hecho, no es poco común que las personas experimenten diferentes tipos de fobias al mismo tiempo.

. . .

También existe evidencia que sugiere que tener una fobia incrementa las posibilidades de tener otra fobia particularmente dentro del mismo tipo general de la primera fobia (tales como las fobias a las arañas y serpientes, ambas son del tipo "fobia animal").

Cómo se desarrollan las fobias

Cuando le damos un vistazo a los objetos y situaciones que son más comúnmente temidas (como las serpientes, arañas, alturas, y espacios cerrados) se vuelve aparente que las cosas a las que somos más propensos a temerle no son seleccionadas al azar. Si las fobias no tuvieran un patrón lógico, entonces existiría una misma cantidad de personas con miedo a las flores como lo existen con miedo a las serpientes, o la misma cantidad con fobia a las tomas de corriente como las hay con fobia a los elevadores; pero es obvio que hay más personas con temor a las serpientes de lo que las hay con temor a las flores, y son más quienes evitan elevadores que quienes evitan tomas de corriente. Entonces, ¿por qué sucede esto si, por ejemplo, las tomas de corriente son objetivamente más peligrosas que los elevadores?

. . .

Un psicólogo llamado Martin Seligman ha sugerido que las personas son más propensas a desarrollar fobias a ciertos objetos en lugar de otros porque estos han representado una amenaza a la raza humana durante los miles de años de nuestra existencia. Desde los tiempos prehistóricos, los objetos y situaciones que han amenazado la supervivencia de los humanos han incluido depredadores, las alturas, la oscuridad, los lugares cerrados, y la sangre.

Seligman llamó a estos tipos de miedo "preparados", lo que significa que los humanos tienen una preparación o predisposición a asociar estos objetos o situaciones con el peligro. Ya que ejercer la precaución en la presencia de estos objetos o situaciones ha sido tan importante para nuestra supervivencia, el miedo a dichas situaciones parece estar naturalmente programadas dentro de nosotros.

Por supuesto, no todos tienen miedo a estas situaciones.

La noción de estar preparado solo significa que es más fácil para las personas aprender a temerle a las situaciones para las cuales estamos "programados" a temer (ej. A algunos animales, las alturas, o los espacios cerrados), que aprender a temerle a situaciones para las cuales no estamos preparados a rechazar (ej. Las flores, y las tomas de corriente). Por ejemplo, cada vez que te has acercado a una serpiente te ha amenazado con sus colmillos. De la misma forma, cada vez que has tomado una caminata por el bosque las ramas de un árbol te han arañado la piel. Ya que el miedo a las serpientes está "programado" dentro de nosotros, es más probable que desarrolles un miedo a las serpientes que a los árboles.

El psicólogo Stanler Rachman identificó tres formas principales en las cuales se desarrollan los miedos. La primera manera es por condicionamiento traumático. El condicionamiento traumático involucra desarrollar un miedo después de haber tenido una experiencia negativa directa con el objeto o la situación. Por ejemplo, si una persona experimenta fuertes ladridos en la presencia de un perro repetidas veces, él o ella puede llegar a esperar ladridos agresivos cada vez que se encuentre con un perro. En estos casos, solo ver al perro puede llegar a desarrollar miedo eventualmente. Otros ejemplos de miedos desarrollados por condicionamiento traumático incluyen:

- El miedo a lugares cerrados después de haber estado encerrado en un closet durante la niñez.
- El miedo a las alturas que se desarrolla después de una caída.

- El miedo a volar después de experimentar un vuelo muy turbulento.
- El miedo a las agujas después de desmayarse después de un examen de sangre.

Hablando generalmente, entre más severo sea el trauma, es más probable que se desarrolle una fobia. De la misma forma, si el trauma es lo suficientemente fuerte, una experiencia puede ser suficiente para producir la reacción fóbica a la situación u objeto.

Por ejemplo, el ser físicamente atacado por un perro puede ser suficiente para generar una fobia a los canes, mientras que alguien a quien le haya ladrido un perro puede no desarrollar una fobia hasta que se haya ocurrido varias veces. Con frecuencia, el miedo permanece por muchos años después de un evento traumático.

Identifica la fobia o fobias que te agobian actualmente y realiza un pequeño ejercicio: Reflexiona sobre los eventos que te han sucedido a lo largo de tu vida. ¿Te has encontrado con experiencias negativas que involucren a la situación u objeto al cual le temes? ¿Consideras que fue un evento traumático? Dependiendo de la gravedad del trauma, puede que no seas capaz de recordar con completa claridad el momento o situación que te llevó a generar la fobia. Si este ejercicio te resulta agobiante, es mejor que consultes a un profesional que te pueda ayudar a acceder a estos pensamientos en un ambiente controlado y seguro para ti.

Las experiencias traumáticas no explican los orígenes de todas las fobias. Como te mencioné antes, algunas personas son incapaces de recordar la experiencia negativa que conllevó al origen de la fobia, en realidad, la mayoría de las personas son incapaces de hacer.

De la misma forma, muchas personas tienen experiencias negativas con un objeto particular y no llegan a desarrollar una fobia a este objeto. Esto significa que no todas las personas que hayan sido mordidas por un perro desarrollaran una fobia hacia ellos.

Una segunda forma en la que las fobias específicas se desarrollan es cuando una persona observa a alguien más salir lastimado a causa de una situación o aterrorizado durante ella. Por ejemplo, un niño que observa a su madre o padre tener miedo de los truenos y relámpagos puede llegar a desarrollar el mismo miedo. Igualmente, presenciar un accidente de tráfico y darte cuenta de que alguien salió lastimado puede que te genere un miedo a manejar. Este método poderoso para el desarrollo de miedos se llama vicario u observacional. Mucho de lo que aprendemos es a través de la observación, particularmente observando a personas que son importantes para nosotros como nuestros padres. El aprendizaje observacional explica la razón por las cuales algunas fobias suelen correr en la familia. Sin embargo, de la misma manera en la que las experiencias negativas traumáticas no explican todo, tampoco lo hace el aprendizaje observacional, y muchas personas han presenciado a otras expresar o experimentar miedo hacia una situación en particular sin desarrollar el miedo ellos mismos.

Realiza un ejercicio similar al anterior, ¿puedes recordar alguna experiencia negativa que has visto a otras personas tener? ¿Tienes alguna memoria de que tus padres, otros miembros de tu familia, amigos cercanos, u otras personas importantes en tu vida, hayan expresado miedo o terror frente tuyo? Igualmente, si tienes problemas al recordarlo o las memorias resultan abrumadoras contacta a un profesional que te pueda apoyar a manejar estos sentimientos.

La tercera razón por la que las personas pueden desarrollar una fobia es porque en algún punto fue advertida o indicada a ser extremadamente precavida con ciertos objetos o durante situaciones específicas. Este tipo de desarrollo de fobias, llamado transmisión informativa de los miedos, también es común. Por ejemplo, los padres en ocasiones imponen el miedo a los perros al constantemente advertirles a sus hijos que tengan cuidado de los perros grandes. De manera similar, escuchar repetidamente noticias sobre accidentes aéreos pueden contribuir a desarrollar un miedo a volar.

Realiza un último ejercicio, piensa en el miedo que te abruma, intenta recordar si alguna vez escuchaste o recibiste información particularmente preocupante.

Piensa con cuidado si recibiste demasiadas advertencias durante tu infancia de tus amigos o familia antes de desarrollar tu fobia.

¿Algunos individuos son propensos a las fobias?

En resumen, existen tres diferentes caminos por los cuales se desarrollan las fobias, y estas son condicionamiento traumático, aprendizaje observacional, y transmisión de información. Sin embargo, estas experiencias por sí solas no garantizan el desarrollo de una fobia. Aparentemente algunas personas son más vulnerables que otras a volverse temerosas. Las razones detrás de las diferencias individuales no son completamente claras, pero existen un par de posibles explicaciones.

La primera teoría sobre por qué algunas personas son más vulnerables a desarrollar temores y fobias está relacionada con el estrés. En general, el estrés llevar a las personas a sentir el efecto de las experiencias negativas más intensamente. Como resultado, es más probable que las personas sientan miedo en situaciones que no las preocuparían comúnmente simplemente porque están "estresadas".

Por ejemplo, retomando el escenario del ataque perruno, la situación podría llevar a desarrollar una fobia si la persona estaba previamente estresada por una situación familiar, mientras que otro individuo quien había estado generalmente bien en los últimos meses puede no desarrollar una fobia a pesar del incidente. De esta forma el estrés puede incrementar el impacto de los eventos traumáticos, el aprendizaje observacional, y la transmisión de información, lo que provoca una propensión a una fobia.

. . .

La segunda razón por la cual algunas personas son más vulnerables a desarrollar miedos y fobias es un factor biológico o posiblemente genético. Como mencioné arriba, existe un poco de evidencia sobre fobias que corren en la misma familia, así que la persona que le teme a los animales es más propensa a tener un padre o madre que les tema a los animales. Por supuesto, esto no nos especifica si los patrones familiares se deben a características genéticas o experiencias como el aprendizaje observacional. En otras palabras, un niño puede tener el mismo miedo que uno de sus padres por una predisposición genética o en parte porque observó a su padre expresar miedo ante ese objeto o situación en particular.

Existen factores biológicos adicionales que parecen causar fobias específicas.

Por ejemplo, las personas con fobias específicas a veces se preguntan si sus miedos provienen de problemas en el oído interno, en particular los individuos que son propensos a los mareos cuando se enfrentan a las alturas o a manejar, falta de percepción de la profundidad o problemas con la visión nocturna, prolapso de la válvula mitral, discapacidades físicas, fluctuaciones hormonales, falta de sueño, exceso de cafeína, etc. De hecho, estos tipos de problemas biológicos pueden volver una situación en particular más complicada o requerir que el individuo sea más cuidadoso. Sin embargo, no explican por completo por qué las fobias se desarrollan, ya que muchas personas que sufren de las mismas condiciones físicas no necesariamente desarrollan las fobias. En otras palabras, aunque estos factores biológicos pueden provocar una manera más cuidadosa de lidiar con ciertos objetos o situaciones, no son los responsables de la aparición de un miedo extremo.

Un tercer factor que puede afectar el comienzo del miedo es un historial de experiencias con el objeto temido.

Tomemos el ejemplo de un avión que se ve forzado a realizar un aterrizaje de emergencia gracias a dificultades técnicas de la nave. Cada persona que estuviera a bordo del avión tendrá su propio historial de experiencia volando.

Por ejemplo, asumamos que uno de los pasajeros es una piloto. Ya que ha tenido muchos años de experiencia volando y probablemente lo disfruta más que otros pasajeros, es menos probable que desarrolle una fobia a volar después de la emergencia. Por otro lado, la persona cuyo vuelo era la primera vez que viajaba no ha tenido experiencias positivas previas que puedan compensar por la experiencia negativa que vivió durante la emergencia, por lo cual es más propensa a desarrollar una fobia a volar.

. . .

Las razones por las cuales desarrollamos fobia son probablemente más complicadas de lo que pensabas, pero incluso esta aparentemente larga descripción no desarrolla lo suficiente sobre este tema. Si tienes una mayor curiosidad, puedes investigar a otros autores que se han especializado en cómo los factores psicológicos y biólogos influyen en el desarrollo de una fobia, pero para efectos de este libro esta resumida explicación bastará. Recuerda que la meta final no es entender de dónde se generó tu fobia, sino aprender a controlarla.

2

Aprende sobre tu fobia

En el capítulo anterior te alenté a realizar un ejercicio de reflexión para poder identificar el posible origen de tu fobia, esto es porque la observación propia y la autoconciencia son cruciales para superar los miedos y las fobias.

Si no se tiene un historial detallado de tus comportamientos temerosos será difícil escoger e implementar un tratamiento efectivo.

Como expliqué anteriormente, existen diferentes tipos de fobias específicas, y es muy común el tener más de una.

. . .

En ocasiones, nos puede ser difícil identificar, o, en caso de que jamás nos hayamos encontrado con el objeto o situación, podemos no estar conscientes de la presencia de una fobia, especialmente si puede llegar a estar relacionada con otra de nuestras fobias.

Para poder identificarlas te invito a realizar un ejercicio rápido. Toma la lista de las diferentes categorías de fobias descritas en el capítulo anterior y escríbelas en una hoja de papel o libreta, recuerda incluir todos los objetos o situaciones mencionadas en cada categoría. Una vez que hayas elaborado tu lista, coloca una marca (puede ser una X o una marca de verificación) junto a cada una de las fobias que tengas y te gustaría superar.

Una vez que hayas hecho esto, es momento de priorizar las fobias. ¿Cuál te afecta más en tus actividades diarias?

¿Cuál has tenido por mucho tiempo? ¿Cuál es la que más te agobia? Haz un análisis a conciencia de cada una de ellas y colócalas en orden de importancia de tratamiento.

Comienza con el número uno para la que te gustaría atender primero, y continúa con el dos sucesivamente.

Puede que solo tengas un artículo marcado, o pueden ser más de dos.

Sin embargo, si tienes más de 10 lo más probable es que algunas de las categorías que marcaste solo te generen miedo y no una fobia. Recuerda que para que un miedo se considere una fobia debe ser extremo y afectar la vida diaria de un individuo.

Sensaciones corporales

Muchas veces, nuestras reacciones corporales indican primero la presencia del miedo. Con frecuencia estas reacciones no son precisamente placenteras para nosotros, e incluso, al estar relacionadas con algo a lo que le tememos, podemos llegar a odiarlas. Por ende, en ocasiones, el miedo está dirigido a una combinación del objeto o situación específica y la reacción física que se experimenta en respuesta a ese objeto o situación.

Por ejemplo, es común que las personas que les temen a los elevadores se sientan ansiosas por que el elevador pueda atorarse y que lleguen a sentirse sin aliento dentro de él.

De manera similar, una persona que le teme a las alturas puede no sentirse cómoda en un balcón del segundo piso, pero es propensa a sufrir una ansiedad extrema si se marea o le fallan las piernas cuando se encuentra en ese mismo balcón.

Como puedes ver, el miedo puede estar dirigido al objeto o situación o a las sensaciones negativas que se generan como consecuencia. Pero ¿por qué algunos enemigos les temen a estas sensaciones? En resumen, parece ser que las sensaciones físicas que se experimentan normalmente como parte de la estimulación del miedo con frecuencia son interpretadas como peligrosas. Por ejemplo, sentir que te falta el aire puede ser percibida como una señal de falta de oxígeno o de estarse sofocando en un elevador, sin embargo, como hemos visto en el capítulo pasado, esta reacción física tiene el objetivo contrario: llevar más oxígeno al cerebro para permitir que el cuerpo esté preparado en caso de una emergencia.

Realizaremos un ejercicio similar al anterior, recuerda una ocasión en la que te hayas tenido una sensación corporal negativa durante un episodio fóbico. Tu tarea será identificar el grado al cual te molestan estas sensaciones cuando te has encontrado con un objeto o situación a la cual le temes.

En otras palabras, ¿estas sensaciones incrementan el miedo que le tienes al objeto o situación? Puedes utilizar una escala del 0 al 100, donde:

1. 0: sin miedo
2. 1-24: Poco miedo
3. 25-49: Miedo moderado
4. 50-74: Miedo fuerte
5. 75-100: Tanto miedo como puedas imaginarte.

De la misma forma que en el ejercicio anterior, realiza una lista de las sensaciones que te puedes llegar a encontrar durante tus ataques de fobia. Si tienes problemas con identificarlos o no sabes cómo describirlos utiliza esta lista para guiarte:

- Aceleramiento del corazón
- Falta de aliento
- Mareos, inestabilidad, desmayos
- Presión en el pecho
- Temblores

- Sudoración
- Náusea/malestar abdominal
- Entumecimiento o sensación de cosquilleo
- Negación de la realidad
- Dificultad para tragar saliva o sensación de estarse atragantando
- Bochornos o escalofríos
- Visión borrosa

Si tienes alguna otra sensación que te ocurra con frecuencia no dudes en escribirla también, la lista anterior son solo algunas de las más comunes presentadas en los individuos. Además de calificación, recuerda anotar tus comentarios sobre esas sensaciones. Quizás las sientes en todo tu cuerpo, solo en áreas específicas, quizá cada vez que te encuentras con el objeto, o únicamente bajo ciertas circunstancias. Recuerda que entre más detallado tu historial, más sencillo será identificar un tratamiento que sea efectivo para ti.

Ahora, tu miedo a ciertas sensaciones físicas puede diferir de una situación a otra. Por ejemplo, sentirse mareado cuando estás manejando sobre un puente, pero no cuando te encuentras en el asiento del pasajero, incluso cuando pasar por puentes te aterra. Recuerda anotar estas condiciones como comentarios en el ejercicio. Posteriormente podrás ligar estas sensaciones con tus tres fobias más intensas o importantes.

Pensamientos atemorizantes

Lo siguiente que debes identificar son los pensamientos que te atemorizan.

Este tipo de pensamientos en las fobias generalmente se dividen en dos tipos: ser directamente herido por el objeto o situación, o resultar herido por los sentimientos o reacciones que puedes tener ante el objeto o situación.

Algunos ejemplos de estos pensamientos atemorizantes del primer tipo pueden incluir la idea de ser mordido por un perro, resultar envenenado por la mordida de una serpiente, quedarse atrapado en un elevador, lastimarse con una aguja, ser empujado de un gran edificio, que haya un accidente de tránsito, aéreo, o de tren, entre otros.

Los ejemplos de pensamientos atemorizantes del segundo tipo pueden incluir el miedo a sofocarse gracias a la falta de aire dentro de un elevador, caerse de un lugar elevado gracias a haberse sentido mareado o débil de las piernas, tener un ataque al corazón gracias a que el corazón se acelera durante un vuelo, perder el control del carro porque no puedes concentrarte correctamente mientras manejas, desmayarse al sentirse débil gracias a una inyección, entre otros.

Identificar estos pensamientos puede ser de gran ayuda, ya que los pensamientos atemorizantes son una de las principales razones por las que las fobias tienden a persistir a través del tiempo. Estos pensamientos pueden ser difíciles de identificar gracias a que con frecuencia son habituales, especialmente si has tenido el miedo o fobia por mucho tiempo. Sin embargo, generalmente es más fácil darse cuenta de ellos cuando te estás enfrentando a la situación u objeto al cual le temes. Claro, esto solo puede hacerse con una evaluación conductual.

Una evaluación conductual involucra enfrentarse al objeto o situación lo más cercanamente posible. En el punto donde te encuentres más cerca (o donde decidas que es el límite al que puedes llegar) pregúntate: ¿cuáles son las ideas que pasan por tu cabeza? ¿Qué pensamientos te impiden acercarte más o continuar enfrentando la situación por más tiempo? ¿Qué tipo de cosas crees que sucederán? Las evaluaciones de comportamiento son sencillas de realizar para situaciones como los elevadores o las alturas, porque los ambientes son fáciles de encontrar. Algunas evaluaciones pueden conllevar un esfuerzo mayor, como encontrar a un animal específico en un zoológico, tienda de mascotas, o veterinaria. Otras situaciones son casi imposibles, por ejemplo, para alguien que le tema a volar.

Si no eres capaz de encontrar una manera de realizar una evaluación conductual, imagínate en la situación de fobia y observa qué pensamientos pasan por tu mente.

Por ejemplo, alguien que le tema a volar puede intentar imaginarse en un avión mientras está despegando, a la mitad de un vuelo con el conocimiento de que aún faltan un par de horas para el aterrizaje, y preguntarse "¿qué me aterra en esta situación? - ¿Qué es lo que creo que va a suceder?"

Toma una libreta u hoja en blanco y divídelas en dos secciones: La primera debe decir "Los pensamientos que tengo sobre el objeto situación" y la segunda "los sentimientos que me genera el objeto o situación". Haz un registro de lo que sucede en tu cabeza mientras te estás enfrentando a eso que le temes. Puedes hacer una lista de tus fobias principales y empezar por ahí, si necesitas utilizar más de una hoja no dudes en hacerlo.

· · ·

Mecanismos de defensa

La negación puede hacer que el miedo de una persona se siga manteniendo a lo largo del tiempo, y los comportamientos de negación o no confrontación pueden ser tanto sutiles como obvios. La evitación obvia incluye: rehusarse a enfrentar o lidiar con el objeto o situación a la cual se le teme, así como huir o escapar de ella. La evitación sutil involucra estrategias para lidiar con el objeto o situación, pero minimizando su impacto.

Estos métodos sutiles pueden ser la distracción, el consumo de alcohol, medicamentos, drogas, o un comportamiento protector.

El comportamiento protector se refiere a actividades exageradas que ayudarán a protegerse del objeto o situación fóbico, por ejemplo, si utilizas una gran cantidad de ropa cuando sales de casa por miedo a que una serpiente u otro insecto te muerda, o manejar únicamente en el carril de baja velocidad cada vez que manejas en una carretera. La distracción se refiere a mantener la mente entretenida y alejada de los elementos fóbicos de una situación. Como la mayoría de los otros métodos de no confrontación, la distracción es un método "bandita" que ayuda a aliviar la incomodidad a corto plazo, pero no previene que el miedo se repita. Por ejemplo, una persona que le teme a la sangre y las inyecciones puede realizar intervenciones médicas solo cuando está hablando o pensando sobre algo más. Otro ejemplo de la distracción es caminar sobre un puente sin ver hacia abajo para evitar percibir la altura.

Relacionado con el concepto de la no confrontación está el apoyo con señales de seguridad. Una señal de seguridad es un objeto o persona con quien te sientes más seguro o menos temeroso cuando te encuentras con un objeto o situación que te causa miedo.

Ejemplos comunes de señales de seguridad es la pareja, familia o amigos, teléfonos celulares, señales de salida, etc. La señal usualmente está basada en el contenido del pensamiento temeroso. Por ejemplo, una persona que tiene miedo de perder el control mientras está manejando usualmente encontrará a otra persona para ser su señal de seguridad. Una persona que le teme a caerse de un balcón sentirá que unos zapatos planos o poco resbaladizos serán una gran señal de seguridad.

Las señales de seguridad pueden ayudarte a lidiar con una situación u objeto que te cause un ataque de fobia a corto plazo, pero tienen efectos negativos a futuro que pueden hacerte sentir que eres incapaz de lidiar con el miedo sin tu señal de seguridad. Por ejemplo, si eres incapaz de manejar a no ser que esté tu esposo contigo, en este caso el esposo funciona como una señal de seguridad, ya que, en caso de un accidente, podría "tomar el control" y evitarlo.

Todos estos métodos de evitación refuerzan las percepciones incorrectas de peligro o amenaza y generan una sensación de alivio. El alivio, al mismo tiempo, refuerza el comportamiento evitativo. En otras palabras, estos métodos para sobrellevar el miedo pueden aliviar el estrés a corto plazo, pero interfieren con el proceso de superar el miedo a largo plazo.

Realiza un tercer ejercicio, toma tres hojas diferentes, en el título de cada hoja escribirás una situación que te cause miedo o consideres que le tienes fobia. A continuación, escribe los métodos que te ayudarán a sobreponerte a ella; no importa si estos son evitativos o no. Una vez que tengas la lista, escribe junto a cada una diferentes ejemplos de veces donde lo hayas utilizado. Repite esto para cada una de las situaciones u objetos que pusiste en cada hoja.

Puedes realizar este ejercicio varias veces a la semana.

. . .

Añade todo lo que puedas recordar, o registra otros encuentros que hayas tenido con tu fobia. Es necesario que tengas suficiente información sobre tus patrones de evitación, de esta forma podrás futuramente, y durante el tratamiento, minimizarlas o evitarlas para que dejen de influir en tu proceso de mejora.

Monitorea tus encuentros

Es de mucha ayuda tener un registro constante de las reacciones que tienes ante objetos o situaciones fóbicas.

Por supuesto, la meta de mejora es minimizar el miedo e incrementar el acercamiento a estos objetos y situaciones, y un registro te dice si esa meta ha sido alcanzada o no.

Hago énfasis en el valor del monitoreo constante. Años de investigación han establecido claramente que nuestras memorias tienden a distorsionarse con el tiempo. Por ende, cuando se nos pide recordar cómo reaccionamos a un evento en particular, nuestra memoria usualmente es menos exacta que los registros que tomemos al momento.

. . .

Además, cuando se trata de miedos y fobias, parece ser que nuestras memorias se distorsionan para sobreestimar lo temerosos que fuimos. Eso significa que recuerdas la experiencia peor de lo que realmente fue y, como podrás imaginar, esto solo refuerza el miedo durante el siguiente encuentro.

Además, un registro continuo te permite observar los cambios a lo largo del tiempo para ver los beneficios de tus esfuerzos. De otra forma, puede que tiendas a minimizar los cambios que has hecho y posiblemente perder la motivación para continuar con el programa. Con un registro objetivo de las experiencias fóbicas, es más probable que puedas observar los cambios reales objetivamente.

Desarrolla tu propio formato de registro de encuentros. Recuerda tomar información importante como la fecha, la hora, y la situación en la que se presentó la fobia o el ataque de pánico. Utiliza la escala de miedo que usaste anteriormente para definir qué tan asustado estabas. Escribe o selecciona las sensaciones corporales principales que sentiste. ¿Trataste de evadir el miedo? Anota también las acciones que hayas intentado tomar para distraerte. También registra los pensamientos que pasan por tu mente, no importa si son positivos o negativos.

. . .

Te darás cuenta poco a poco que, a medida en la que obtengas un progreso en el programa de tratamiento, los pensamientos negativos que aparezcan en tus primeros registros se reemplazarán por pensamientos enfocados a la mejora.

3

La ansiedad y las fobias

Las fobias específicas son uno de los desórdenes de ansiedad más comunes. De acuerdo con una encuesta en Estados Unidos, aproximadamente 12.5% de la población en general reporta al menos una fobia específica durante su vida. Para muchos tipos de fobias, las proporciones difieren de acuerdo al sexo, las mujeres reportan más fobias que los hombres. Aún no es claro si esta diferencia refleja una tendencia de reporte o una verdadera diferencia entre la prevalencia de las fobias entre hombres y mujeres.

¿Qué es la ansiedad?

. . .

Puedes entender más fácilmente la naturaleza de la ansiedad fijándote en lo que es y lo que no es.

Por ejemplo, la ansiedad se puede distinguir del miedo en muchas formas. Cuando tienes miedo, tu miedo usualmente está dirigido a un objeto o situación específica.

Puedes temerle a no terminar un trabajo a tiempo, fallar un examen, ser incapaz de pagar tus cuentas, o de ser rechazado por alguien a quien quieres complacer. Por otro lado, cuando experimentas la ansiedad, tiendes a no saber por qué estás sintiéndote ansioso. El centro de la ansiedad tiende a ser más interno que externo. Parece ser una respuesta a un peligro vago, distante, o incluso irreconocible.

La ansiedad afecta todo tu ser. Es una reacción fisiológica, conductual, y psicológica al mismo tiempo. En un nivel psicológico, la ansiedad puede incluir tanto reacciones físicas como un pulso acelerado, tensión muscular, náusea, boca seca, o sudoración. En un nivel conductual, puede sabotear tu habilidad para actuar, expresarte, o lidiar con ciertas situaciones de la vida diaria.

La ansiedad puede aparecer de diferentes formas y con diferentes niveles de intensidad. Puede variar en severidad desde una pequeña punzada de preocupación hasta a un ataque de pánico con palpitaciones, desorientación, y terror.

La ansiedad que proviene de una situación particular, o que "llega de la nada", es llamada ansiedad libre o, en casos más severos, un ataque de pánico espontáneo.

Si tu ansiedad se presenta únicamente como una respuesta a una situación específica se le llama ansiedad situacional o ansiedad fóbica. La ansiedad situacional difiere del miedo cotidiano en que tiende a ser fue de proporción o irreal. La ansiedad se vuelve fóbica cuando realmente empiezas a evitar la situación: si dejas de manejar en avenidas, ir al doctor, o confrontar a su esposo por completo. En otras palabras, la ansiedad fóbica es una ansiedad situacional con una constante evitación de la situación u objeto.

Ansiedad vs. desórdenes de ansiedad

La ansiedad es una parte inevitable de la sociedad contemporánea. Es importante darse cuenta de que existen muchas situaciones que suceden en la vida diaria donde es apropiado y entendible reaccionar con cierto grado de ansiedad. Si no sintieras nada de ansiedad como respuesta a retos cotidianos que involucren un fracaso o pérdida potencial, significaría que hay algo mal contigo.

Los desórdenes de ansiedad se distinguen de la ansiedad normal o cotidiana, ya que tiende a ser más intensa, de más larga duración, y puede llevar al desarrollo de fobias que interfieran con tu vida. De esta forma, los trastornos de ansiedad y los episodios de ansiedad que se pueden experimentar durante el enfrentamiento a un objeto o situación temidos tienen una relación estrecha. Si sufres de alguno de los siguientes desórdenes serás más propenso a desarrollar miedo extremo:

Desorden de pánico – El desorden de pánico está caracterizado por episodios repentinos de aprensión o miedo intenso que suceden "sin avisar", sin ningún tipo de causa aparente. El pánico intenso usualmente no dura más de un par de minutos, pero, en situaciones especiales, puede continuar llegando en "oleadas" por hasta más de dos horas. Durante el ataque de pánico pueden ocurrir los siguientes síntomas:

- Falta de aire o la sensación de sofocarse
- Aceleración del corazón o palpitaciones
- Mareos, falta de equilibrio, o desmayos
- Temblores
- Sensación de atragantarse
- Sudoración

- Náusea o malestar abdominal
- La sensación de realidad falsa
- Entumecimiento o cosquilleo en las manos y los pies
- Bochornos o sensaciones frías
- Dolor o malestar en el pecho
- Miedo a enloquecer o perder el control
- Miedo a morir

Agorafobia – La palabra agorafobia significa miedo a los espacios abiertos; sin embargo, la esencia de la agorafobia es el miedo a los ataques de pánico. Si sufres de agorafobia, temes estar en situaciones donde escapar puede llegar a ser difícil si tienes un ataque de pánico repentino. Puede que evites las tiendas de conveniencia o autopistas, pero porque estas son situaciones en las que escapar sería difícil o embarazoso si tuvieras un ataque de pánico. El miedo a la vergüenza también juega un rol importante, la mayoría de los afectados no les temen a los ataques de pánico, sino a lo que otras personas pensarán si los ven teniendo uno.

Quizá la característica más común de la agorafobia es sentirse ansioso al estar lejos de casa o lejos de una "persona segura" (un tipo de señal de seguridad como lo mencionamos anteriormente). Puede que evites completamente manejar solo, o solo manejas a ciertas distancias en la periferia de tu hogar. En casos más severos, puede que solo camines por un par de metros o incluso jamás salir de tu casa sin compañía.

Desorden de ansiedad social – El desorden de ansiedad social (también conocido como fobia social) es uno de los trastornos más comunes. También involucra el miedo a la humillación y la vergüenza en situaciones donde estás expuesto a los juicios de otros o tienes que presentarte de alguna manera. Este miedo es mucho más intenso de lo que la gente experimenta en las situaciones sociales normales. Usualmente es tan intenso que las personas buscan evitar la situación por completo, aunque algunas personas con la fobia se sobreponen a situaciones sociales, incluso con un nivel considerable de ansiedad.

Típicamente, tu preocupación es que dirás algo que hará que otros te juzguen como ansioso, débil, loco, o estúpido.

Tu preocupación está generalmente fuera de proporción con la situación, y reconoces que es excesivo. Otras fobias sociales comunes incluyen:

- Miedo a sonrojarse en público

- Miedo a atragantarse o derramar comida en público
- Miedo a ser observado en el trabajo
- Miedo a utilizar baños públicos
- Miedo a escribir o firmar documentos en la presencia de otros
- Miedo a las masas
- Miedo a tomar exámenes

A veces, la fobia social es menos específica e involucra un miedo general a cualquier grupo o situación social donde te sientas observado o evaluado. Cuando tu miedo abarca un gran grupo de situaciones sociales la condición es llamada fobia social generalizada. Las fobias sociales tienden a desarrollarse más temprano que otros desórdenes, desde la niñez o adolescencia, entre las edades de nueve y once años.

Los síntomas comunes del desorden de ansiedad social incluyen ruborizarse, sudoración, temblores, palpitaciones, y náusea. Muchas personas que están inconscientes de su fobia social tienden a usar el alcohol para reducir estos síntomas lo que, en algunos casos, puede llevar al alcoholismo.

. . .

Fobias específicas – Como ya hemos mencionado varias veces a lo largo de este libro, una fobia específica típicamente involucra a un gran miedo y evasión a un tipo particular de situación u objeto. En este tipo de fobia, no existe el miedo a la humillación o vergüenza en las situaciones sociales, sin embargo, una exposición directa al objeto o situación temida puede desembocar una reacción de pánico.

El miedo y la evitación son lo suficientemente fuertes para interferir en tus rutinas diarias, trabajo, o relaciones lo que puede llevar a un considerable nivel de estrés.

Aunque seas capaz de reconocer tus irracionalidades, una fobia específica puede desarrollar en una persona una gran cantidad de ansiedad.

Causas de los trastornos de ansiedad

Si estás leyendo este libro es porque probablemente ya padeces de un desorden de ansiedad, más específicamente una fobia específica. Ya que esto es algo con lo que debes vivir todos los días, seguramente te preguntarás cuáles pueden ser las causas de tu problema. Lo primero que debes comprender es que la ansiedad es una respuesta física a un problema emocional, es decir, que la ansiedad puede ser controlada.

Los síntomas de los desórdenes de ansiedad con frecuencia parecen irracionales e inexplicables, por lo cual es natural que te preguntes de dónde o por qué surgen estos síntomas.

Correré el riesgo de contradecirme un poco, pero, aunque es un ejercicio importante y que puede llegar a tener un gran impacto en tu proceso de mejora, la realidad es que aprender sobre el origen de tu desorden de ansiedad no necesariamente es indispensable para superar tu obstáculo. Existen muchas técnicas que veremos más adelante – como la relajación, el ejercicio, la desensibilización, entre otras – que no dependen del conocimiento de las causas base para ser efectivos.

Por otro lado, tienes que estar consciente que, en muchas ocasiones, los desórdenes de ansiedad no tienen una cura absoluta y continúan siendo investigados por los profesionales de la salud mental. Igualmente, aunque existen algunos objetos o situaciones detonantes, no existe un factor único que cause un desorden de ansiedad, es decir, no puedes atender un solo problema y esperar que el desorden desaparezca.

Los problemas de ansiedad surgen gracias a una variedad de causas que operan en una gran cantidad de niveles distintos: herencia, biología, crecimiento familiar, condicionamiento, factores de estrés recientes, tu sistema de creencias, tu habilidad para expresar tus sentimientos, etc.

Algunos expertos en el tema han propuesto teorías de una sola causa. Estas teorías tienden a simplificar los desórdenes y son susceptibles a usar falsas generalidades como: la falacia biológica y la falacia psicológica. La falacia biológica asume que un tipo de desorden de ansiedad es causado únicamente por algún tipo de desbalance fisiológico o biológico en el cerebro o el cuerpo.

Es cierto que debemos estar conscientes de que existen disfunciones fisiológicas involucradas en un desorden de pánico u obsesivo compulsivo. Esto ciertamente tiene implicaciones al momento de realizar un tratamiento, pero esto no significa que son únicamente problemas fisiológicos.

. . .

La falacia psicológica realiza el mismo error, pero en la dirección contraria. Asume que, por ejemplo, la fobia social o el desorden de ansiedad generalizada es causada por haber crecido con padres que te descuidaron, abandonaron, abusaron, lo cual resultó en una gran sensación de inseguridad o vergüenza y es la razón detrás de tu actual ansiedad en la adultez. Hacer esto ignora las posibles contribuciones de los factores hereditarios o biológicos. No todos los niños que crecen en familias disfuncionales desarrollan desórdenes de ansiedad, por lo que es más probable asumir que el problema es resultado de ambos factores.

Predisposiciones de larga duración:

Herencia genética - ¿Pueden heredarse los desórdenes de ansiedad? Existe evidencia limitada al respecto, pero en general argumentan que en parte sí. Algunos de los estudios más convincentes vienen de observar a gemelos idénticos. Si un gemelo idéntico tiene un desorden de ansiedad, hay una probabilidad de 31% a 88% de que el otro también lo padezca. En estudios con gemelos no idénticos (quienes no comparten tanta carga genética) la probabilidad disminuye; si uno desarrolla un trastorno de ansiedad, el otro tiene únicamente entre 0 y 38% de probabilidad de desarrollar uno.

. . .

Es decir, tener la misma composición genética que alguien con fobias y ansiedad duplica la probabilidad de desarrollar un trastorno.

¿Qué es lo que se hereda? Basándonos en lo que sabemos actualmente, no heredas la fobia o los síntomas como ataques de pánico específicamente, lo que parece ser heredado es un tipo de personalidad general que te predispone a ser ansioso. Esto se refiere a una personalidad volátil, emocional, y reactiva que es más fácilmente perturbada por estímulos ligeramente amenazantes.

Circunstancias en la infancia – Desafortunadamente existe muy poca investigación sobre el tema de qué experiencias tempranas o ambientes familiares pueden influir en el desarrollo de un desorden de ansiedad específico. Algunos investigadores han encontrado que los ataques de pánico y la agorafobia con frecuencia son precedidos por ansiedad de separación en la niñez (esta condición es cuando los hijos sienten ansiedad, pánico, y otros síntomas cuando son separados de sus padres). Después, cuando son adultos, estas personas sienten ansiedad cuando son separadas de una persona o lugar "seguros".

. . .

Los siguientes factores son relevantes especialmente con la agorafobia o fobia social, pero pueden aplicarse a otros desórdenes como las fobias específicas también:

- **Tus padres te comunicaban una visión del mundo demasiado cautelosa:** Como habíamos mencionado antes, los padres de las personas con fobias tienden a tener fobias también. Cuando aprendes desde temprana edad que el mundo exterior es amenazante, automáticamente restringes tu instinto de exploración y toma de riesgos. Creces con una tendencia a preocuparte de más y poner énfasis en la seguridad.
- **Tus padres son demasiado críticos y establecen estándares demasiado altos:** Los niños que crecieron con padres críticos o perfeccionistas nunca están seguros de su aceptabilidad. Siempre existe una duda dentro de ellos sobre si "son suficientes" o realmente tienen valor. Como resultado, constantemente buscas complacer a tus padres y mantener su aprobación. Crecer sintiéndote inseguro todo el tiempo puede volverte dependiente de una persona o lugar seguro, y puede que te restrinjas en situaciones públicas o sociales donde existe una probabilidad de quedar "mal parado".

- **Inseguridad emocional y dependencia:** Hasta los cinco años, los niños son extremadamente dependientes de sus padres, especialmente de su madre. Cualquier condición que cree inseguridad durante este periodo puede llevar a dependencia excesiva posteriormente. Estándares críticos o perfeccionistas excesivos por parte de los padres parecen ser una fuente común de inseguridad para personas que terminan desarrollando desórdenes de ansiedad. Sin embargo, las experiencias de descuido, rechazo, abandono durante el divorcio, o la muerte, y abuso físico o sexual también pueden producir el tipo de inseguridad básica que sirve como base para los desórdenes de ansiedad.

- **Tus padres suprimen tu expresión sentimental y autodeterminación:** Puede ser que los padres no solo generen dependencia, sino que también supriman tu capacidad innata de expresar tus sentimientos y defenderte a ti mismo. Si estos impulsos y sentimientos son suprimidos durante un periodo largo de tiempo, su recurrencia bajo la influencia del estrés puede producir ansiedad o pánico. Con frecuencia, las personas que aprendieron a suprimir sus sentimientos y expresión propia durante la infancia tienden a ser adultos con problemas emocionales y ansiedad.

- **Acumulación de estrés a lo largo del tiempo:** Cuando el estrés persiste sin descanso por un periodo de tiempo largo, como varios meses o días, tiende a acumularse. Este tipo de estrés es más pesado que el estrés normal y temporal, como al mudarse o durante una dificultad económica a corto plazo. El estrés acumulado puede surgir de conflictos psicológicos que han pasado varios años sin resolverse. También puede ser por una gran cantidad de eventos de vida, estos se refieren a sucesos que tienen un impacto importante y que requieren reordenar o cambiar tus prioridades, como cambiarse de ciudad, de trabajo, casarse, tener un hijo, etc. Uno o dos eventos al año es manejable, mientras que una serie de muchos de ellos durante un periodo de dos años puede llevar a estrés crónico y agotamiento mental.

Causas biológicas:

. . .

Estas causas se refieren a desbalances fisiológicos en el cuerpo o cerebro que están asociados con los desórdenes de ansiedad. Es importante recordar que estos desbalances no son necesariamente las causas definitivas de la ansiedad y pueden ser causados por algunos de los factores mencionados previamente.

La fisiología del pánico – El pánico es una versión extrema de una reacción de alarma que tu cuerpo naturalmente experimenta en respuesta a cualquier tipo de amenaza. Esta es la famosa reacción "pelear o huir" definida por Walter Cannon. Es un mecanismo que permite a los mamíferos movilizar una gran cantidad de energía rápidamente para enfrentarse a depredadores u otras amenazas a su supervivencia. Desafortunadamente la mayoría de nosotros experimentamos esta reacción en respuesta a una situación que es psicológicamente amenazante, peligrosa, o abrumadora.

Tu sistema nervioso tiene dos diferentes tipos de acciones; voluntarias e involuntarias. Las voluntarias mueven tus músculos y obedecen tus instrucciones. Las involuntarias, por otro lado, regulan las funciones automáticas que están fuera de nuestro control. Estas al mismo tiempo se dividen en simpáticas y parasimpáticas.

. . .

La primera es la responsable de tener reacciones cuando estás emocionado o triste. La segunda tiene una función opuesta, mantiene el funcionamiento mientras estás calmado y descansando.

Durante un ataque de pánico, el sistema simpático genera diferentes reacciones físicas rápida e intensamente, recibes una fuerte cantidad de adrenalina y sientes una "corriente" repentina junto con un sentimiento de terror o desastre. También lo acompañan los síntomas clásicos como la aceleración del corazón, respiración acelerada, sudoración, temblores, y manos o pies fríos, estas reacciones son generadas por el exceso de adrenalina en el cuerpo.

Condiciones médicas asociadas a los ataques de pánico y ansiedad – Es importante tener en cuenta que muchas de estas hipótesis biológicas se aplican a algunos casos, más no a todos, de ansiedad y ataques de pánico.

Algunas reacciones de pánico o ansiedad pueden surgir de condiciones médicas que no están directamente relacionadas con los desórdenes de ansiedad. El hipotiroidismo y la hipoglucemia, por ejemplo, pueden causar ataques de pánico.

. . .

Deficiencias de calcio y magnesio también pueden llevar a pánico o ansiedad, una vez corregida la condición, los ataques de pánicos o ansiedad pueden desaparecer.

Algunas condiciones que pueden afectar son:

- Síndrome de la hiperventilación
- Hipoglucemia
- Hipertiroidismo
- Prolapso de la válvula mitral
- Síndrome premenstrual
- Problemas en el oído interno

Cuando se trata de fobias específicas, recuerda que el factor biológico no es el único que juega un rol, así que, a pesar de solucionar la condición que estaba empeorando la ansiedad o el pánico, es posible que aún tengas que sobrellevar terapia psicológica para corregir el miedo extremo al objeto o situación.

Causas detonantes de corto plazo:

Las causas a largo plazo como la herencia genética, el ambiente en la infancia, y el estrés acumulado generan una predisposición a los desórdenes de ansiedad. Pero toma condiciones más específicas que operen en un corto periodo de tiempo para detonar o causar el desarrollo de una fobia o ataques de pánico. Entre ellos, se consideran relevantes las siguientes fuentes de estrés:

- **Una pérdida significativa:** Pérdidas de una persona a través de muerte, divorcio, o una separación tienden a ser un detonante para el primer ataque de pánico. Otras pérdidas grandes como laborales, de salud, o una situación económica mala pueden propiciar el primer ataque de pánico.
- **Cambio de vida significativo:** Un evento grande en la vida que causa un periodo de ajuste de varios meses puede generar el primer ataque de pánico. Cualquier otro cambio de vida relevante puede detonar este tipo de reacciones en un individuo que ya está vulnerable por otras razones.
- **Estimulantes o drogas recreacionales:** No es poco común que un ataque de pánico suceda después de un consumo excesivo de cafeína. Esta incidencia es aún más común en usuarios de cocaína, ya que este es un estimulante tan fuerte que puede causar ataques de pánico incluso en personas que no están predispuestas a un desorden de pánico por algunos de los

factores a largo plazo que mencionamos anteriormente.

Condicionamiento y el origen de otras fobias – Recuerda que existen tres características específicas que distinguen a las fobias de otros miedos comunes. Primero, tu temor es persistente y por un largo periodo de tiempo. Segundo, tienes conocimiento de que el miedo es exagerado, pero esta consciencia no te ayuda a deshacerte de él. Finalmente, su característica más importante es la evasión del objeto o situación a la que se teme.

Desarrollaremos un poco más en lo que ayuda a que se desarrollen las fobias. Hay dos tipos de procesos que son los más comúnmente responsables: El condicionamiento y el trauma. El trauma no está siempre involucrado en la creación de una fobia, pero los procesos de condicionamiento siempre están presentes. Hay dos tipos de condicionamiento que contribuyen a la formación de una fobia. La de asociación y la de evasión.

El condicionamiento por asociación se da cuando una situación hacia la cual originalmente nos sentíamos neutrales comienza a emitir una fuerte ansiedad, ya que un día en particular tuviste esa misma reacción ante esa misma situación. Por ejemplo, si estabas manejando y de la nada tuviste un ataque de pánico, el pánico empeora por los pensamientos temerosos.

Por ende, tu mente forma una asociación fuerte entre estar en una autopista y experimentar ansiedad, así, posteriormente, estar en o cerca de una autopista puede generar ansiedad. En resumen, aprendes una asociación entre las autopistas y la ansiedad.

La asociación puede llevarte a desarrollar un miedo hacia una situación u objeto, pero no crea una fobia por sí misma. Cuando comienzas a evitar la situación u objeto es cuando "aprendes" a volverte fóbico. Evitar la situación por la cual te sientes ansioso se recompensa con la falta de ansiedad, así que tu comportamiento de evitación se fortalece, ya que el cerebro tiene la tendencia de repetir las acciones que tienen una recompensa.

Aprender a alejarse de una situación de temor porque es recompensante es a lo que se le llama un condicionamiento por evasión.

De nuevo, conocer el origen de tu fobia, sus consecuencias, las reacciones que esta genera dentro y fuera de ti, así como las condiciones de salud que podrían estar incrementándola son únicamente una herramienta que te ayudarán a lo largo de tratamiento y proceso de mejora.

Recuerda que la solución de un único factor no necesariamente llevará a la mejora total, por lo cual es importante percibir la fobia como un conjunto de factores que deben ser atendidos integralmente.

De la misma forma, quiero tomarme el momento de recordarte que, si bien este libro fue escrito con toda la intención de informarte y apoyarte en tu proceso, siempre será necesario recurrir a un profesional de la salud física y mental para consultas elaboradas sobre soluciones que puedan acomodarse a tus necesidades. Es importante que no tomes tu salud física a la ligera y consultes a los expertos antes de tomar una decisión.

4

Fobias comunes

Como vimos en un capítulo anterior, existen ciertas situaciones y objetos que son más propensos a ser temidos que otros. De esta forma, se ha recopilado información sobre cuáles son algunas de las fobias más comunes entre personas con un desorden de ansiedad de fobia específica.

A continuación, te enlistaré alguna de ellas, te daré una breve descripción de sus características, y un par de consejos que podrían ayudarte durante el tratamiento de las mismas. Te recomiendo tomar la información que estoy por darte como meramente teórica por el momento, más adelante aprenderás más a fondo sobre algunos conceptos mencionados en este capítulo, por lo cual te sugiero no poner en práctica lo que aprenderás hasta haber finalizado el libro entero.

· · ·

Miedo escénico (ansiedad por presentarse)

Aunque puede no sonar casi ficticio, el miedo a presentarse en un escenario o hablar en frente de una audiencia es la fobia más común, afecta a más del 70% de la población global. En ocasiones también es llamada "glosofobia". Es un miedo complejo y puede involucrar a cualquiera de los siguientes componentes:

- Miedo a ser juzgado como alguien torpe o inadecuado por otras personas.
- Miedo a no cumplir las expectativas o realizar un error en público.
- Miedo a que la ansiedad sea visible para otras personas, como la sudoración, tartamudeo, o enrojecimiento.
- Miedo al fracaso o rechazo (en exámenes orales y entrevistas de trabajo).
- Ansiedad por la incertidumbre del posible desempeño en la presentación.

El miedo escénico con frecuencia tiene un aspecto anticipatorio, la preocupación se genera previa a la presentación o monólogo. La ansiedad incrementa a medida que la fecha de dicha presentación se acerca.

Para algunos, la ansiedad desaparece cuando empiezan a hablar, cantar, o presentarse. Otros, continúan con síntomas distractores durante la presentación como un corazón acelerado, temblores, sudoración, náusea, o la boca seca. En el peor escenario, la ansiedad se vuelve tan severa que afecta la presentación o interrumpe el discurso.

Causas – Una causa a largo plazo pudo haber sido una experiencia traumática al hablar ante un grupo o realizar un recital de música durante la niñez. O simplemente eres propenso a la ansiedad social y timidez desde la niñez. Consistentemente evitas hablar o presentarte frente a otros y, en casos más extremos, evitas estar en grupos en su totalidad.

La causa inmediata para el miedo escénico usualmente proviene en:

La causa inmediata para el miedo escénico usualmente proviene en creencias e imagines profundamente arraigadas donde te ves a ti mismo perdiendo el control o siendo incompetente frente a otros. Puede que te imagines realizando errores terribles, creas que tu presentación tiene que ser perfecta para ser aceptada, o que exageres la importancia o estatus de la gente con la que hablarás.

Estos pensamientos negativos pueden ser persistentes, lo que lleva a una evasión a largo plazo de cualquier situación donde necesites presentarte o hablar frente a otras personas.

Sugerencias para el tratamiento – El tratamiento cognitivo-conductual para el miedo escénico consiste en identificar estos pensamientos negativos (e imágenes) y gradualmente internalizar creencias más constructivas que te recuerdan que:

- Realmente tienes la habilidad de presentarte bien frente a otras personas.
- Es posible aceptar o "fluir" con la ansiedad cuando esta surge en lugar de resistirte a ella.
- Está bien equivocarse, es algo humano.
- Otros te aceptarán si eres "tú mismo".
- Es poco probable que otros detecten tu ansiedad, incluso si te estás sintiendo ansioso.
- Las personas no están en tu contra ni quieren verte fallar.

- Al concentrarte en el mensaje que quieres comunicar puedes desviar tu atención de la ansiedad.
- Con la práctica y ensayos apropiados puedes asegurarte de que te presentarás bien.

Otra faceta importante del tratamiento involucra aprender a enfocar la preocupación excesiva sobre ti mismo y tu apariencia en otra actividad, como por ejemplo la forma en la que tu presentación puede ayudar, beneficiar, o entretener a otras personas.

Otros consejos prácticos que con frecuencia se mencionan en programas de recuperación incluyen:

- Invierte suficiente tiempo practicando tu monólogo o presentación para incrementar tu confianza.
- Camina para dejar salir la energía nerviosa una o dos horas antes de tu presentación, y asegúrate de no presentarte con el estómago vacío.
- Ten un vaso de agua a la mano para que tengas algo que hacer si te distraes por pensamientos ansiosos o síntomas físicos.

- Si le tienes miedo a tu audiencia, imagínalos como bebés con boinas o en ropa interior para recordarte que solo son personas.
- Si eres creyente, recita una oración antes de subirte al escenario.

Miedo a volar

El miedo a volar es la segunda fobia más común y afecta a cerca del 20% de la población mundial, quienes intentan evitar volar o lo hacen con mucha incomodidad.

Puede afectar la vida de una persona en gran manera, ya que pueden llegar a rechazar trabajos que requieren volar o evitar ir de vacaciones con la familia y amigos.

Es común que la fobia a volar conviva con otras fobias, particularmente la claustrofobia – el miedo a estar encerrado en un avión sin la habilidad de salir por un determinado periodo de tiempo. El miedo a las alturas (acrofobia) también puede jugar un rol. Para algunos, el miedo principal es que el avión se estrelle, a pesar de las estadísticas realistas de que los accidentes son uno en diez millones. Otros miedos pueden incluir el miedo a la turbulencia aérea, el miedo a los ladrones, o el miedo general de perder el control al poner su vida en las manos de los pilotos.

La fobia a volar puede involucrar evitar los vuelos en su totalidad o volar solo con la ayuda de la sedación del alcohol o fármacos tranquilizantes. Los pasajeros temerosos con frecuencia sienten que tendrán un gran ataque de pánico mientras vuelan, y esto puede deberse a una experiencia previa.

Causas – La causa más frecuente para la fobia a volar es una experiencia traumática dentro de un avión, ya sea relacionada con otra fobia (como las alturas o sentirse encerrado) o como resultado de toparse con turbulencia, vomitar durante el vuelo, o tener un ataque de pánico.

Una vez que empiezas a evitar volar, entre más lo evites, más atractiva se vuelve la idea de jamás volver a volar.

Ocasionalmente, ver escenas de un accidente aéreo en la televisión puede ser suficiente para iniciar una fobia en algunos individuos. También, tener una experiencia negativa después de un vuelo, como volar También, tener una experiencia negativa después de un vuelo, como volar hacia otra ciudad solo para ser despedido, puede ser lo suficientemente traumático para instigar una asociación negativa con el vuelo.

Sugerencias para el tratamiento − La educación y la terapia cognitivo-conductual son las bases de un tratamiento exitoso para una fobia a volar. La educación incluye información sobre cómo funcionan los aviones y todas las precauciones que se toman para asegurar la seguridad de las personas.

En este enfoque la terapia cognitivo-conductual consiste en enseñarle a los individuos estrategias para el control del pánico basándose en los miedos específicos del mismo.

La distracción también es de ayuda para facilitar el primer vuelo del fóbico. También puede llevar a bordo una "caja de herramientas" con sus formas favoritas de distracción como revistas o consolas portátiles de videojuegos.

Algunos tranquilizantes como el Zanax y el Ativan son utilizados para intervenir en casos extremos. Si estás pensando en tomar medicamento para esta condición recuerda que siempre es necesario tomar la opinión de tu médico de cabecera o de un profesional de confianza que pueda asegurarte cuál es la dosis de consumo seguro.

Otras sugerencias para viajeros temerosos pueden ser:

- Edúcate sobre cómo operan los aviones. Por ejemplo, es de ayuda saber que incluso si uno de los motores falla, el avión puede seguir volando.
- Si tu problema es sentirte confinado, asegúrate de escoger un asiento en el pasillo.
- Toma el suficiente tiempo para realizar tu primer viaje – no hay necesidad de apresurarte.
- Ten a una persona de apoyo contigo para que pueda distraerte durante tus primeros vuelos.
- De ser posible, que tu vuelo inicial no sea de más de una hora.
- Ten una "caja de herramientas" con objetos que puedan distraerte mientras estás en el avión.
- Utiliza medicación solo si necesitas tener una seguridad extra contra la ansiedad. Evita cualquier tipo de cafeína el día que vayas a volar.

Claustrofobia

La mayoría de las personas saben que la claustrofobia se refiere al miedo a estar encerrado sin poder escapar.

Puede venir de diferentes formas, incluyendo el miedo a cuartos pequeños o abarrotados, el miedo a atorarse en el tráfico, miedo a los túneles, miedo a los trenes, etc. Puede convivir con otras fobias. Muchas personas que le temen a volar realmente temen ser forzados a estar encerrados a bordo del avión por cierto tiempo.

O el miedo a los elevadores puede tener un componente claustrofóbico fuerte. Una de las formas más conocidas de claustrofobia sucede en los escáneres de resonancia magnética, y este puede ser un gran problema si realmente necesitas dicho examen.

Para algunos claustrofóbicos existe una segunda fase del problema. El miedo a estar encerrado, si no es aliviado, tiende a llevar al miedo a sofocarse o no obtener suficiente aire. También puedes llegar a sentir que las paredes se hacen más chicas o la urgencia de escapar.

. . .

Causas – No hay un consenso claro de lo que causa la claustrofobia. La explicación más común es una experiencia traumática durante la niñez donde probablemente sentiste un gran miedo mientras estabas confinado de alguna forma u otra. Sin embargo, existen muchas personas con claustrofobia que no son capaces de recordar una experiencia como esa. Cierto grado de la resistencia al confinamiento también es común para todos los animales y humanos, pero la claustrofobia es una forma exagerada de esta reacción.

Sugerencias para el tratamiento – Como con algunas de las fobias anteriores, la terapia cognitiva conductual es usada efectivamente para tratar la claustrofobia.

En el componente cognitivo, el terapeuta te ayuda a identificar y retar a las creencias catastróficas, como la falsa idea de que estar atrapado en un cuarto o avión con mucha gente es potencialmente amenazante o peligroso. Puedes trabajar en fortalecer la creencia de que hay muchas ventajas al ser capaz de viajar en lugar de evitar volar simplemente por tu miedo a sentirte atrapado.

La realidad virtual también ha tenido un uso muy eficiente en el tratamiento de la claustrofobia. Los investigadores han encontrado que la realidad virtual – por ejemplo, realizar un tridimensional de una máquina de resonancia – redujo el estrés en individuos cuando tuvieron que llevar a cabo el procedimiento real.

Hipocondría o miedo a la enfermedad

La hipocondría es definida como una preocupación excesiva a tener una enfermedad seria, incluso después de que haya habido una opinión médica que indique lo contrario. Con frecuencia, un síntoma en particular como malestar gástrico, dolores de cabeza crónicos, o palpitaciones del corazón, se toma como evidencia de una enfermedad mortal. Tener una horrible jaqueca puede tomarse como evidencia de un tumor cerebral, o una tos crónica como evidencia de cáncer.

Algunas personas con frecuencia buscan a diferentes doctores y tienen una gran cantidad de exámenes para confirmar si tienen una enfermedad horrible, mientras que otros evitan a los doctores completamente gracias al miedo de que el peor escenario sea confirmado real. Entre el 4 y 5 por ciento de la población experimentan hipocondría en algún punto de su vida, y esto afecta tanto a hombres como a mujeres.

Causas – Muchos diferentes factores pueden llevar a la hipocondría. Puede desarrollarse a través de identificación inconsciente después de la muerte o periodo de grave enfermedad de un miembro de la familia. Repentinamente temes desarrollar una enfermedad igual o similar.

Incluso llegar a la misma edad donde sucedió la muerte prematura de un ser amado puede ser suficiente para detonar una consternación excesiva sobre sí mismo.

Las pandemias, como la COVID-19 en el 2020 que fue de escala global, llevan a algunas personas a obsesionarse con enfermarse. Incluso ver un especial en televisión sobre una enfermedad específica puede ser suficiente para detonar una ansiedad sería alrededor de esa enfermedad.

Sugerencias para el tratamiento – De nuevo puedes apoyarte de la terapia cognitivo-conductual como principal línea de tratamiento para la hipocondría. El componente cognitivo se enfoca en identificar y enfrentarse a las creencias falsas que te llevan a sobreestimar la verdadera amenaza que conllevan tus síntomas. El riesgo de tener una enfermedad mortal usualmente es muy bajo, mucho más de lo que seguramente estimas. La parte conductual se concentra en detener el comportamiento de continuas consultas médicas y externas que aseguren la salud.

. . .

También podrías trabajar en detener el monitoreo continuo de tu cuerpo en busca de evidencia del problema, ya que esto únicamente refuerza el miedo que sientes. Es necesario también evitar llevar a cabo investigaciones acerca de la enfermedad.

Otro enfoque común en la hipocondría es una exposición imaginaria. En este método intentas escribir el peor escenario al tener la enfermedad que se teme con lujo de detalle. En la terapia profesional, estas descripciones tienden a ser grabadas y se le sugiere al paciente escucharlo una y otra vez hasta que se sensibilice de las emociones que le provoca. Aunque este es un proceso incómodo al principio, ayuda a reducir la frecuencia e intensidad de las preocupaciones intrusivas acerca de la enfermedad.

Los tratamientos basados en la atención plena pueden ser usados para tratar la hipocondría como son utilizados en el caso del Trastorno Obsesivo-compulsivo (TOC). Su meta es desarrollar la habilidad de voluntariamente experimentar pensamientos, sentimientos, y sensaciones incómodas sin batallar o intentar controlarlas. De la misma forma, medicamentos que han ayudado a pacientes con TOC como inhibidores de serotonina pueden ayudar a reducir la ansiedad y la depresión. Recuerda que estos solo deben ser consumidos bajo indicación y con monitoreo de un profesional, así que si tienes interés en consumir medicamentos será necesario que acudas a una cita médica primero.

Fobia dental

La fobia dental puede involucrar miedo y evitación de dentistas en general, o un miedo más específico puede involucrar sobrellevar un procedimiento dental en particular.

En algunos casos, parece ser que el problema no es una fobia, sino síntomas de un desorden de estrés postraumático que es respuesta a un trauma dental previo.

Más de la mitad de los adultos experimentan algún tipo de ansiedad cuando van al dentista, pero un número mucho menor desarrolla una fobia al punto de evadir a los dentistas por completo a no ser que tengan una emergencia dental seria y dolorosa. Obviamente, esto puede crear varios problemas serios en temas de salud dental, lo que únicamente resultará en tratamientos más complicados e invasivos más adelante.

. . .

Las mujeres y los niños reportan una incidencia mayor de fobia dental que los hombres. Entre más invasiva sea la intervención, es más probable que se desarrolle una fobia dental o al menos una ansiedad previa a la operación.

Causas – existen múltiples maneras en las que puedes desarrollar un miedo a ir al dentista. La más común es realmente haber tenido una experiencia dental dolorosa o traumática. Un segundo factor es la personalidad del dentista, incluso sin haber tenido experiencias dolorosas, muchas personas desarrollan fobia dental simplemente como resultado de trabajar con un dentista que consideraban frío, impersonal, o poco cuidadoso.

Otras causas pueden incluir escuchar sobre la mala experiencia de otras personas o un miedo generalizado a los doctores.

La fobia dental con frecuencia convive con el miedo al confinamiento o el miedo a perder el control. A veces el miedo está relacionado con rendirse ante los efectos de la anestesia.

Sugerencias para el tratamiento – Como con otras fobias, la primera línea de defensa en contra de la fobia dental es la terapia cognitivo-conductual, la cual tiene tres componentes principales:

1. Aprender técnicas de control de pánico.
2. Identificar y retar los miedos catastróficos que rodean el miedo fóbico.
3. Exposición gradual
4. Exposición gradual a la situación causante de fobia. Se debe establecer una jerarquía de exposición como en la oficina del dentista, luego la sala de tratamientos, y finalmente realizar una operación o actividad como recibir una inyección.

Hay una variable crítica más allá de la terapia cognitiva conductual que es crítica para el éxito del tratamiento: la personalidad y el estilo de cuidado del dentista hacia sus pacientes.

La mayoría de los fóbicos dentales relatan que el factor más importante para ayudarlos a superar su fobia es la actitud del dentista durante sus actividades. Otra ayuda que pueden tener los fóbicos al estar en oficinas es la dispersión de distintos aromas naturalmente antisépticos, hacer que los médicos no tengan uniformes profesionales, y poner música relajante de fondo.

. . .

Tratamientos comunes para trastornos de ansiedad como los tranquilizantes de farmacia (zanax, ativan, etc.) o el óxido nitroso mejor conocido como gas de la risa pueden ser utilizados para facilitar la relajación del cliente durante los procedimientos de la terapia conductual.

Como siempre, es mi deber recordarte que esto debe realizarse con apoyo y guía de un profesional médico.

Algunos de los consejos generales que se les puede ofrecer a quienes padecen de fobia dental son:

- Cuando vayas a asistir a un dentista, encuéntrate con él o ella antes de realizar cualquier procedimiento para darte una idea de cómo es personalmente.
- Lleva contigo a un amigo que pueda ser de apoyo, pero no permitas que hable por ti. Asegúrate de comunicarte directamente con el dentista.
- Para cualquier procedimiento nuevo, haz que el dentista te explique y demuestre con cierto detalle lo que hará antes de que realmente lo haga.
- Ten una señal de seguridad que puedas utilizar para que el dentista sepa que necesitas

tomar un descanso o que necesitas más anestesia.
- Ten la expectativa de poder encontrar a un dentista que es cuidadoso, responde a tus necesidades, dispuesto a explicar todo, y quien te da suficiente apoyo positivo. Si el dentista no es alguien en quien confías ni te sientes cómodo con, es mejor que busques a alguien más.

Fobia a la sangre/inyecciones

Los miedos a la sangre, heridas asociadas con ella, e inyecciones con frecuencia vienen todas juntas. Alrededor del 70% de la población que le tienen fobia a la sangre también tienen fobia a las inyecciones. Por otro lado, solo 3% de los individuos que les temen a las inyecciones le temen a la sangre y las heridas.

Este tipo de fobia puede tener consecuencias graves en la salud si te rehúsas a realizar exámenes o recibir transfusiones de sangre por miedo a las agujas.

De todos los desórdenes de ansiedad, la fobia a la sangre/inyecciones tiene el grado más alto de asociación familiar. Hasta el 60% de las personas con este tipo de fobia poseen un familiar con el mismo problema. En general, solo 3% de la población le tiene fobia a la sangre.

Otra característica inusual de las fobias a la sangre/inyecciones, que la distinguen de todas las otras fobias, es que con frecuencia involucran una respuesta de desmayo o inconsciencia. Cuando se enfrentan a la sangre, sea propia o de terceros, existe una respuesta doble. La primera fase constituye una ansiedad normal con incremento del ritmo cardíaco, presión sanguínea, y otros síntomas de pánico. Esto es seguido por una caída dramática en la presión sanguínea, desacelere del corazón, y flujo reducido de la sangre, lo que eventualmente resulta en un desmayo.

Causas – Ya que las fobias de sangre/inyecciones tienden a tener una relación familiar, la causa más probable es que los niños aprenden e internalizan el miedo de sus padres y hermanos.

Sugerencias para el tratamiento – De nuevo, la terapia cognitiva-conductual hace una aparición, en este caso se debe de hacer énfasis en la exposición gradual, esta funciona bien para las fobias a la sangre o inyecciones. Sin embargo, gracias a la respuesta de desmayo, se utiliza una técnica adicional llamada "tensión aplicada".

Cuando surja la primera sensación de que está a punto de desmayarse, se le debe instruir que se tensen los pies, piernas, y brazos rápidamente y al mismo tiempo. Esto incrementa la presión sanguínea y bloquea la respuesta de desmayo. Aún más importante, te da la confianza de que tienes una estrategia para sobreponerte a tu necesidad de desmayarte. Con esta confianza, es mucho más fácil negociar la cantidad de tiempo y la frecuencia de la exposición.

Se requiere una gran habilidad para poder definir jerarquías efectivas para este tipo de fobias. Una jerarquía posible para la fobia a la sangre podría incluir:

1. Leer un artículo sobre el sangrado.
2. Mirar fotos de sangre.
3. Mirar fotos de heridas sangrientas.
4. Ver videos o películas que incluyan escenas sangrientas o con heridas.
5. Sujetar un vaso o tubo químico que contenga sangre.
6. Visitar un banco de sangre.

Para la fobia a las inyecciones, una jerarquía posible podría ser:

1. Mirar fotos de personas recibiendo una inyección.
2. Ver videos de personas recibiendo una inyección.
3. Visitar la oficina de un doctor y ver cómo a alguien lo inyectan.
4. Visitar la oficina de un doctor y ver como le sacan sangre a alguien.
5. Usar agujas.
6. Hacer que un profesional de la salud toque tu piel con una aguja sin penetrarla.
7. Recibe una inyección en el brazo.
8. Que te saquen sangre.

Como con otras fobias, es importante empezar la jerarquía desde el punto que cause una pequeña incomodidad y repetir los pasos difíciles varias veces hasta que se calme la ansiedad. La presencia de una persona de apoyo puede ayudar.

De nuevo, los medicamentos pueden ser de ayuda para superar la fobia, pero únicamente en situaciones a las que verdaderamente no te puedas sobreponer y acompañados de la receta de un médico profesional que lo considere adecuado. En algunos casos donde el desmayo es un problema difícil de resolver, puede que algunas citas de exposición se realicen acostado en el suelo.

Miedo al vómito (emetofobia)

El miedo a vomitar, también conocido como emetofobia, es sorprendentemente prevalente. Puede tener diferentes formas, incluyendo el miedo a vomitar, el miedo a vomitar el público, el miedo a ver vómito, o el miedo a ver a alguien más vomitar.

La emetofobia puede desarrollarse en la niñez o en la adultez y durar por muchos años sin tratamiento. A veces está acompañada de otros miedos, como el miedo a comer u otros desórdenes alimenticios (como la anorexia o bulimia) o el trastorno obsesivo compulsivo.

La mayoría de las personas que padecen emetofobia raramente vomitan y puede que no lo hayan hecho desde la niñez.

Aun así, cuando el miedo es muy severo, tu vida puede estar restringida de muchas maneras. Puede que evites los viajes largos en carro o solo vayas a lugares donde sabes que habrá un baño disponible. Con frecuencia, estas altamente alerto ante cualquier síntoma gastrointestinal. En esta fobia, la náusea es lo peor que puede ocurrirte.

Causas – Un miedo general a perder el control con frecuencia se encuentra en el historial de las personas que tienen miedo a vomitar. Para algunos, la fobia empieza con una mala experiencia vomitando en la niñez, o ver a un ser amado muy enfermo vomitar. Entre más traumática sea la experiencia inicial, más probable es que la fobia se desarrolle. En otros casos, no hay un pasado traumático, y el miedo se centra alrededor de perder el control de uno mismo.

Sugerencias para el tratamiento – si padeces emetofobia, lo primero que tienes que descubrir es a qué le tienes miedo.

¿Al vómito por sí solo? ¿El miedo al rechazo si otros te vieran vomitar?, ¿o tiene que ver más con perder el control de tu cuerpo en general? Es importante que identifiques y trabajes en el miedo o los miedos centrales.

. . .

Después, es importante hacer una lista de situaciones que evitas gracias a tu miedo. Por ejemplo, puede que evites viajes largos en el carro, subirte a un bote, o comer ciertas comidas que consideras podrían hacerte mal en el estómago. En lista todas las situaciones que evitas en orden de dificultad y gradualmente toma el riesgo de enfrentarte o ponerte en cada una de ellas. Trabajar a través de esta jerarquía te ayudará a reclamar tu vida y reducir el miedo a vomitar.

Finalmente, la exposición gradual al vómito ayudará a desensibilizarte al miedo que sientes. Una forma de realizar la exposición es escribir una serie de escenarios que involucren el vómito, empezar con las sencillas y proceder al peor escenario que puedas imaginar. Lee los escenarios que escribiste repetidamente, o mejor, haz que alguien te lo lea una y otra vez, hasta que estas escenas pierdan su habilidad para generar ansiedad.

Otra forma de realizar la exposición es mirar una serie de escenas donde haya vómito, progresando desde fotos de colores hasta videos y películas que tengan escenas gráficas de vómito. Eventualmente podrás exponerte a situaciones en vivo. Si eres lo suficientemente valiente, puedes llegar hasta inducir el vómito, aunque esta última es una actividad en la que los expertos aún debaten.

No existen medicamentos que sean generalmente usados para tratar la emetofobia. La mayoría de los que padecen esta fobia tienden a evitar medicinas anti-ansiedad para el miedo, ya que pueden causar vómito.

Miedo a las alturas

El miedo a las alturas, o acrofobia, es otra fobia altamente común. Frecuentemente se combina con otras fobias, tal como el miedo a volar, miedo a los elevadores, o miedo a manejar sobre un puente. La forma más frecuente de miedo es estar en un edificio alto.

A veces el miedo a las alturas se confunde con el vértigo.

El vértigo es la sensación de girar usualmente causada por una condición médica, y raramente ocurre con acrofobia.

Una reacción más común a las alturas es el mareo y la dificultad de confiar en tu sensación de balance. Con frecuencia intentarás agarrarte de algún lado para sostenerte, y si eso no funciona puedes caer en pánico.

Causas – Una cantidad considerable de acrofobia es instintiva en todos los animales.

Es una ventaja evolutiva para prevenir caídas. Sin embargo, una verdadera fobia a las alturas es típicamente aprendida y es una exageración del miedo responsivo normal y adaptativo a las alturas. Puede desarrollarse como resultado de una caída o la memoria de un incidente donde estabas muy asustado de caer cuando eras niño. Las personas propensas a tener problemas de balance pueden ser más susceptibles a desarrollar fobia a las alturas, pero las investigaciones que se han llevado a cabo al respecto han sido inconclusas.

Sugerencias para el tratamiento – La terapia cognitiva-conductual ha demostrado ser efectiva para superar el miedo a las alturas. Primero se le enseña a la persona con acrofobia estrategias para controlar el pánico, y eventualmente lleva a cabo una exposición gradual y progresiva a una jerarquía de situaciones que involucran alturas cada vez más grandes. Como con otras fobias, tener a una persona de apoyo que te acompañe durante las terapias de exposición puede ayudar mucho. Aquí te dejo un ejemplo de la línea de jerarquía que podrías llegar a seguir:

1. Ve al segundo piso de un edificio y mira por la ventana por 60 segundos. Ten una persona de apoyo contigo si así lo deseas.
2. Mira por la ventana de un segundo piso por alrededor de cinco minutos. Mira hacia el frente y posteriormente hacia abajo. De nuevo, puedes ir acompañado por una persona de tu confianza si así lo deseas.
3. Repite los pasos 1 y 2 por tu cuenta, o con acceso telefónico a la persona que se encuentra apoyándote.
4. Ahora, dirígete al tercer piso de un edificio y mira por la ventana por 60 segundos. Lleva a alguien contigo si lo consideras necesario.
5. Repite el paso 4 por cinco minutos. Mira de frente y luego hacia abajo.
6. Repite los pasos 4 y 5 por tu cuenta o con acceso telefónico a tu persona de apoyo.
7. Continúa este proceso paso a paso y progresivamente incrementa la altura de los pisos. Para ir más allá del cuarto piso procura tomar un ascensor.
8. Continúa avanzando hasta que llegues a la altura deseada o hasta donde puedas soportar.

9. Si te es posible, sal a un balcón o mirador a la altura deseada, ya sea con tu persona de apoyo o individualmente.
10. Repite el paso 9 por duraciones más largas y caminando más cerca del reposamanos.

La exposición virtual también ha sido usada efectivamente para tratar el miedo a las alturas. Esto involucra recrear este escenario de altura con ayuda de la realidad virtual. Las clínicas que tengan la posibilidad de hacer esto lo prefieren gracias a que les permite a los terapeutas tratar a más personas de una manera más eficiente.

Animales y fobias a los insectos

Las fobias a tipos específicos de animales o insectos son abundantes. El miedo puede ser a las serpientes, murciélagos, ratones o ratas, perros, gatos, algunos pájaros, ranas, arañas, abejas, o cucarachas. Las personas con este tipo de fobia evitan no solo a un animal o insecto en particular, sino también áreas donde se cree que pueden estar expuestos a la criatura temida. La evidencia de la presencia del animal o insecto, como ver una telaraña, escuchar el ladrido de un perro, o estar cerca de un zoológico es suficiente para evocar un gran miedo.

. . .

En la adultez, muchos de estos miedos son tan comunes que son considerados normales. Solo cuando intervienen en tu vida significativamente o causan una gran cantidad de estrés – de adulto o de niño – califican como una fobia completa.

En general, las fobias a animales o insectos tienden a ser más comunes en las mujeres que los hombres, especialmente con las serpientes, ratones, arañas, y cucarachas.

Causas – Se ha propuesto que algunas fobias animales, como el miedo a las serpientes o animales grandes, son innatas en todos los mamíferos porque confieren una ventaja evolutiva para promover la supervivencia. En muchos casos, la causa de la fobia parece ser una experiencia traumática previa, como haber sido mordido por un perro, arañado por un gato, o picado por una avispa. También es posible que los niños desarrollen miedo a los animales gracias a sus padres. Simplemente ver a un padre expresar miedo al ver a una rata o araña puede incitar el mismo miedo en el niño. También existen instancias donde simplemente ver una película de terror que tuviera al animal como antagonista principal podría ser suficiente para causar la fobia.

. . .

Sugerencias para el tratamiento – Superar una fobia a los animales e insectos es directa e involucra la exposición gradual a la criatura temida. Como con las exposiciones a otras fobias, es necesario incrementar la jerarquía de experiencias incrementales al animal, progresando desde fotos y videos hasta eventualmente un contacto en vivo.

Una jerarquía genérica aplicable a cualquier fobia animal o insecto puede verse algo así:

1. Dibuja la imagen del animal.
2. Observa fotos en blanco y negro.
3. Mira fotos a color.
4. Mira un video del animal.
5. Toma una versión de juguete del animal.
6. Observa al animal desde cierta distancia.
7. Acércate más progresivamente al animal vivo.
8. Ve como alguien toca o sostiene al animal.
9. Toca o sostén al animal en una caja y, finalmente, de forma directa.

Como con todas las jerarquías de exposición, trabajar en todos los pasos requiere compromiso, perseverancia, y la voluntad de tolerar grados variables de ansiedad. Si la ansiedad se torna extrema, puede ser de ayuda tener a una persona acompañándote durante los pasos más difíciles. A veces, cierta meditación como un bloqueador beta o benzodiacepina puede ayudar a facilitar el proceso si este resulta ser demasiado duro, pero solo deben consumirse bajo supervisión de un terapeuta.

También es importante pensar en qué parte del animal o insecto encuentras especialmente aterrorizante.

En el caso de un perro ¿es el ladrido?, ¿la apariencia?, ¿el tamaño? ¿La manera en la que se mueve?, ¿o la idea de ser atacado? Una vez que identifiques la característica específica de la criatura que te molesta más entonces es importante concentrarte en estas características a medida que progreses con el terapeuta. Una vez que te hayas desensibilizado de las características más horripilantes, es más probable que puedas detener la fobia por tiempo indefinido.

Miedo a la muerte

El miedo a la muerte, también llamado tanatofobia, puede involucrar una o diferentes variedades de miedo. Aquí hay algunos de los tipos más comunes:

- Miedo a no existir, a la terminación permanente de la vida.
- Miedo a lo desconocido – no saber lo que ocurre después de la muerte.
- Miedo a un destino eterno negativo basado en las creencias religiosas, como la idea del infierno o el purgatorio.
- Miedo a la enfermedad, dolor, y sufrimiento asociado con la muerte.
- Miedo a la muerte de un ser amado a quien te encuentras apegado.
- Miedo a lo que le pasará a los que amas después de tu muerte.
- Miedo a las cosas muertas, como un cadáver o algo asociado con la muerte, como los ataúdes o casas funerarias y cementerios.

A veces el miedo básico es simplemente perder el control. Morir está fuera de tu control, y puedes intentar mantener la muerte lejos con frecuentes visitas al doctor y prácticas de salud constantes. Este es un ejemplo de cómo la fobia a la muerte puede encontrarse con la hipocondría.

. . .

Causas – Causas para el miedo a la muerte pueden variar dependiendo de cuáles de los miedos enlistados anteriormente es dominante. La filosofía existencialista propone que el miedo a la no-existencia es innato en la condición humana y es compartida por todos los seres humanos en un nivel profundo. Algunos han llegado lo suficientemente lejos como para decir que el miedo a la muerte es el centro o base detrás de todos los miedos.

Otros miedos a la muerte se centran en las creencias religiosas sobre el castigo e infierno después de la muerte.

Si tienes este tipo de creencias deberás de elegir un terapeuta que sepa lidiar con este tipo de percepciones, muchos pueden ser un poco insensibles ante ellas, lo que últimamente solo logrará incrementar tu resistencia a superar la fobia.

El miedo al dolor y el sufrimiento que está asociado a la muerte puede surgir de una experiencia traumática o de haber visto a un ser amado atravesar un proceso doloroso de muerte. El fallecimiento de un ser querido puede llevar a un incremento en el miedo a la muerte de uno mismo por asociación.

. . .

Sugerencias para el tratamiento – El tratamiento de la tanatofobia, por supuesto, depende de la naturaleza específica del miedo. Trabajar con el miedo a la no existencia puede requerir una reflexión filosófica profunda sobre el significado de la vida y el reconocimiento de que probablemente la mejor manera de lidiar con la muerte es vivir la vida al máximo. También es importante darse cuenta de que ninguno es único en este tema, todos tenemos que lidiar con la muerte.

Algunas personas responden de manera favorable a leer literatura que provea evidencia sobre la permanencia de la conciencia después de la muerte.

Una gran cantidad de libros sobre experiencias cercanas a la muerte, y muchos casos individuales de lo que "vieron" durante esas experiencias ofrece una evidencia confiable para muchos de que la muerte no es un final permanente a la existencia.

El miedo a la muerte de un ser amado puede ser difícil, pero puede ser visto como un "llamado espiritual" para desarrollar fuerza interior y la capacidad para valerte por ti mismo en la ausencia de alguien amado. Algunos se esperanzan de la creencia que, después de su muerte, podrán ser reunidos de nuevo con los seres amados que se "fueron antes de ellos", una posibilidad que es definida en la literatura de experiencias cercanas a la muerte.

Finalmente, si tu miedo a la muerte empezó con la experiencia traumática de ver a un amigo o familiar cercano morir, puede ayudarte la hipnoterapia o desensibilización con movimientos de ojos.

5

Desarrolla un plan de tratamiento

En este punto, ya conoces un poco más sobre tu fobia, te has familiarizado con posibles maneras de tratamiento, y sabes exactamente de qué manera influye en tu vida.

Estás en el momento correcto para desarrollar un plan que te funcione correctamente, podrás tomar algunos de los consejos que te ofrecimos previamente, y en este capítulo desarrollaremos más a fondo cómo puedes ponerlos en práctica.

Exposición en vivo

. . .

Sabemos por años de investigación que el método llamado "terapia de exposición en vivo" es un método particularmente efectivo para superar las fobias específicas.

De hecho, muchos expertos concuerdan en que la exposición es un componente necesario del tratamiento para fobias específicas. En resumen, y como ya has aprendido antes, la exposición en vivo involucra encuentros repetidos, sistemáticos, y controlados frente al objeto o situación a la cual se le tiene miedo con el objetivo de aprender que tus miedos no están basados en la realidad.

Probablemente has escuchado el viejo dicho que dice "si te caes seis veces, levántate siete", bueno, la exposición en vivo sigue la misma premisa básica.

El método de la exposición en vivo ha sido investigado en muchos estudios en diferentes centros alrededor del mundo. De hecho, se ha descubierto que es efectiva para tratar los miedos a las arañas, serpientes, ratas, relámpagos y truenos, agua, alturas, volar, lugares cerrados, sofocarse, tratamiento dental, la sangre, y los globos.

. . .

Para algunas fobias, una sola sesión de exposición en vivo que dure entre dos o tres horas puede llevar a una mejora significativa hasta en un 90% de los individuos, y usualmente con resultados duraderos. Para otras fobias, puede que se necesiten más sesiones, pero hay buenas oportunidades de que exista una mejora significativa después de la exposición. También, las probabilidades de mantener tus mejoras a lo largo del tiempo incrementan cuando continúas con prácticas ocasionales después de que el tratamiento formal haya terminado.

Así que, las probabilidades de éxito con este tipo de programas son muy altas. Sin embargo, el éxito depende de la práctica y esfuerzo que le inviertas. Maximiza tus oportunidades combinando el método básico con las estrategias adicionales más apropiadas que se ajusten a tus patrones de pensamiento y miedos a las sensaciones físicas.

Cambia tus pensamientos

Como describimos anteriormente, los pensamientos negativos y las interpretaciones incorrectas del peligro de un objeto o una situación juegan un rol muy importante en mantener una fobia viva. Por ejemplo, cualquiera que crea que es inútil ante un animal en particular y que podría resultar seriamente lastimado por ese animal es más posible que desarrolle un miedo. ¿Por qué?

Porque los miedos y fobias son generadas por la percepción de amenaza. La pregunta que tiene que ser hecha es si la percepción de la amenaza es realista. Obviamente, el tratamiento de una fobia está basado en la premisa de que esta percepción de la amenaza es irreal.

Ahora, las creencias sobre el objeto o situación parecen variar de una persona a otra, no solo en el contenido del pensamiento, sino también en la facilidad con la cual los pensamientos negativos pueden ser identificados. Esto significa que algunas personas son capaces de identificar muchos pensamientos negativos, mientras que otras reportan no estar conscientes de estos por sí mismos, sino como una extensión del sentimiento de miedo. Usemos el ejemplo de los elevadores, algunas personas son capaces de claramente identificar los pensamientos como "Estaré atrapado aquí para siempre", mientras que otros tienen pensamientos negativos menos conscientes y pueden ser más propensos a decir que "se sienten terriblemente atemorizados y no saben por qué o de qué. Saben que es poco probable que el elevador se atore y probablemente no sucedería nada si se atorara, pero aún así sienten mucho miedo". Por supuesto, lo más probable es que ambas personas tengan pensamientos negativos, pero una persona es más capaz de describir sus pensamientos o tiene pensamientos más específicos que la otra.

Las estrategias que se concentran en cambiar pensamientos negativos al discutirlos y cuestionarlos pueden ser más valiosas para la primera persona que la segunda.

Recuerda que los pensamientos negativos juegan un gran rol en mantener los miedos por un largo tiempo gracias a que fomentan la percepción de una amenaza, incluso cuando esta no existe, y naturalmente genera miedo. Por ende, aprender a corregir estas interpretaciones incorrectas de la presencia de una amenaza es de mucha ayuda para sobreponerse a los miedos excesivos. Como se mencionó antes, no todos pueden identificar estos pensamientos negativos inmediatamente durante situaciones fóbicas. Sin embargo, la percepción incorrecta y miedos a las situaciones peligrosas son el centro del miedo y la evitación. Piénsalo, si realmente creyeras que el elevador no se atorará, o que no quedarías atrapado, o que no te sofocarías, entonces tu miedo a los elevadores se reduciría drásticamente.

. . .

A veces, los pensamientos negativos resultan de la falta de información o información incorrecta. Por ende, el primer paso hacia cambiar los pensamientos es recolectar información, ya sea a través de expertos, libros, u otras fuentes confiables.

El segundo paso involucra examinar más directamente las distorsiones en el pensamiento que ocurren cuando estás demasiado ansioso, y aprender cómo cuestionar esas distorsiones.

Algunos ejemplos de lo mencionado anteriormente pueden incluir al miedo a las serpientes. Los miedos a las serpientes y las arañas con frecuencia están basados en la suposición de que las arañas y serpientes son inevitablemente venenosas o agresivas. De hecho, la mayoría de las arañas y serpientes en realidad no son venenosas y, cuando son manejadas de la manera correcta, es poco probable que ataquen. También, los miedos a los elevadores con frecuencia se basan en la suposición de que quedarse atorado puede llevar a sofocarse o que los cables del elevador podrían romperse en cualquier momento.

. . .

De hecho, siempre existe ventilación dentro de los elevadores, y es casi imposible que los cables de los elevadores se rompan.

Es importante recopilar información realista para llenar los espacios de conocimiento y corregir concepciones incorrectas con respecto a las particularidades del objeto o situación a la que le temes.

Existen dos enfoques básicos para educarte a ti mismo sobre objetos o situaciones que te causen fobia. El primero es leer cualquier cosa que puedas y hablar con expertos tanto como puedas para obtener una visión completa. La segunda estrategia es enlistar la mayoría de tus preocupaciones (algo similar a los registros de pensamientos que realizaste anteriormente) y encontrar información relevante a cada una de tus preocupaciones. El segundo enfoque tiende a ser más eficiente que el primer enfoque porque concentra tu búsqueda de información en hechos que son relevantes para tu línea de pensamiento particular.

¿Dónde comenzar a buscar? Para empezar, recuerda que el internet es una gran fuente de información (ten cuidado, ya que también es una gran fuente de desinformación). De la misma forma, muchas aerolíneas ofrecen cursos para aquellos que le temen a volar. Tu librería local tendrá mucha información. Las veterinarias tienen muchos libros y panfletos sobre animales. Las compañías que diseñan los elevadores con frecuencia hacen pública la información sobre los mantenimientos y otras precauciones que se deben de tomar. Es recomendable que seas selectivo con las fuentes de información que consumes, escoge a los verdaderos expertos, porque existen fuentes que no son confiables o están sesgadas, y pueden simplemente incrementar tu miedo o ansiedad.

Algunos ejemplos de fuentes no confiables pueden ser programas de televisión sensacionalista, algunos sitios web, o amigos que pueden compartir tu fobia. Procura apegarte a información proveniente de centros de investigación universitaria, organizaciones de la salud o seguridad, o los proveedores de servicios o productos.

A veces, las sensaciones físicas que ocurren como resultado de sentir miedo son interpretadas incorrectamente como pérdida de control, una falta de habilidad para sobreponerse a la situación actual, o incremento de peligro. Gracias a que este tipo de interpretaciones son muy aterradoras, el miedo original que se siente ante el objeto o situación se ve incrementado por un miedo adicional a las sensaciones físicas que ocurren cuando eres expuesto a ella. Además, el miedo y el pánico producen sensaciones físicas adicionales, y así se genera un ciclo visiones donde sientes cosas, les temes, y ese miedo te hace sentir más cosas, a las cuales también les temes, y así sucesivamente.

El miedo a las sensaciones físicas tiende a ser asociado con las fobias situacionales y las fobias a la sangre e inyecciones que con las fobias a los animales. Aunque las sensaciones pueden ser atemorizantes, no son peligrosas.

No están asociadas con la pérdida de control, ataques al corazón, sofocación, colapso, parálisis, o muchos de los otros resultados a los que comúnmente se les temen.

Simplemente son parte natural de la respuesta al miedo.

Los errores en el pensamiento ocurren durante estados de miedo y ansiedad, ya que uno se encuentra en un estado de alerta. Consecuentemente, es apreciado que los pensamientos fóbicos tienden a ser sesgados en la dirección de la sobre percepción del peligro, incluso cuando no existe un peligro real. Por ello, un paso importante hacia cambiar las creencias base de las situaciones fóbicas es tratar tus pensamientos como hipótesis o suposiciones en lugar de hechos irrefutables. Una vez que los reconozcas como suposiciones y no como hechos, te das cuenta de que existe apertura para cuestionarlos y retarlos. Ya que los pensamientos fóbicos tienden a distorsionarse de todas formas, la parte de cuestionarlos y retarlos es particularmente importante; la meta es desarrollar una manera más realista de pensamiento.

Existen dos tipos de error que ocurren durante un pensamiento fóbico: la sobreestimación y el pensamiento catastrófico.

La sobreestimación

La sobreestimación en esencia es lo mismo que saltarse a conclusiones negativas. Involucra tratar eventos negativos como los probables cuando en realidad son poco posibles. Aquí puedes ver unos ejemplos:

- Asumir que un perro probablemente atacará, incluso cuando la mayoría de las personas nunca son atacadas por un perro; incluso entre aquellos que han sufrido ataques, la mayoría

de los encuentros con perros no están asociados con la agresión.
- Predecir el accidente de un avión, aun cuando las probabilidades de un avión cayéndose es prácticamente 0.
- Predecir que el automóvil se estrellará, aun cuando las probabilidades de que ocurra un accidente son pocas.

Es muy útil examinar por qué las sobreestimaciones persisten a pesar de que exista evidencia de lo contrario. Por supuesto, una razón puede ser que hayas consistentemente evadido la confrontación con el objeto o situación a la que le temes, así que no has tenido la oportunidad de comprobar lo contrario.

Otra razón por la cual persisten las sobreestimaciones está relacionada con la tendencia de atribuir tu supervivencia ante la presencia del objeto o situación a tus comportamientos sobreprotectores, por ejemplo, creer que solo sobreviviste a una caída de un balcón porque no estabas cerca de la orilla, o a la suerte, en lugar de darte cuenta de la simpleza de la predicción original. En realidad, no te caíste de ese balcón porque las verdaderas probabilidades de que lo hicieras ya eran nulas.

. . .

Una tercera razón de que las percepciones incorrectas persistan es gracias a que las personas tienden a prestar principal atención a la información que confirma sus creencias, y tienden a ignorar la información que difiere de sus expectativas. Por ejemplo, un individuo que le teme a las tormentas prestará mayor atención a los artículos en el periódico sobre las personas que han sido alcanzadas por un rayo. Sin embargo, algunas estadísticas estiman que las probabilidades de morir por un rayo son de 1 en 2 millones. Aunque las historias en las noticias son atemorizantes y trágicas, pocas veces proveen información exacta sobre el verdadero peligro.

Para contrarrestar la tendencia favorecedora de buscar información que no necesariamente es exacta, es importante buscar activamente información que contradiga tus creencias.

Puede que esto no sea natural para ti y requiera cierto esfuerzo, pero solo buscando la verdad activamente puedes llegar a la verdad.

El pensamiento catastrófico

El segundo tipo de error se genera al percibir un evento como "peligroso", "insoportable", o "catastrófico" cuando, en realidad, no lo es. Algunos ejemplos de pensamientos catastróficos pueden ser:

- No puedo soportar más el miedo. No puedo enfrentarme a las carreteras.
- Las serpientes son asquerosas. No puedo soportar verlas.
- El dolor de una inyección es insoportable. Es lo peor que puedo imaginarme.
- Sentir miedo en un lugar cerrado sería horrible.

Todos estos ejemplos encierran al objeto de miedo en un contexto que es horrendo y reemplazan un método objetivo de superación con un sentido de miedo incontrolable.

Eliminar la catástrofe involucra darse cuenta de que las situaciones no son tan "catastróficas" como se pensaba previamente, y es lograda al considerar formas en las cuales los eventos negativos pueden ser manejados en lugar de pensar sobre lo malas que son.

Por ejemplo, en lugar de concentrarte en no poder soportar el miedo al manejar en una carretera, puedes concentrarte en lo que puedes hacer para sobreponerte a ese miedo, cómo manejar distancias cortas cada vez. En otras palabras, esta técnica se concentra en los logros conductuales en lugar de los sentimientos negativos e involucra poner las cosas en perspectiva y darte cuenta de lo que se puede lograr en lugar de solo asumir que una situación no es manejable.

Intenta el siguiente ejercicio: en una hoja de papel dibuja cuatro columnas, en una pondrás el título de "eventos", en la segunda "pensamientos negativos iniciales", en la tercera "resultados alternativos", y en la cuarta "probabilidad real de que el pensamiento negativo se vuelva realidad". En la primera columna, escribe los eventos que te hayan generado ansiedad o miedo, ¿cuáles fueron tus pensamientos negativos iniciales? Anótalos en la segunda columna, no evites ninguno, puedes usar más de una hoja si así lo necesitas.

Una vez que hayas plasmado todos los escenarios negativos iniciales, tómate un momento para reflexionar sobre los posibles resultados alternativos o manera de sobreponerte a ellos. Finalmente, tómate el tiempo de analizar objetivamente la probabilidad de que tu escenario inicial suceda, puedes apoyarte de información en internet, pero recuerda consultar fuentes confiables y evitar aquellas que caigan demasiado dentro de tu zona de confort.

Es importante que leas con atención el siguiente capítulo antes de aplicar completamente las estrategias que discutimos. Si aún tienes duda sobre a qué verdaderamente le tienes miedo, recuerda realizar los ejercicios de los primeros capítulos, o volver a leer el capítulo donde abordamos las características de las diferentes fobias y las sugerencias principales para su tratamiento. Recuerda que el proceso de mejora no es necesariamente lineal, puedes volver a los capítulos de este libro cuantas veces sea necesario.

6

Preparándote para la exposición

Si ya has tomado la decisión de embarcarte en este proceso de mejora es importante que entiendas por completo y puedas prepararte para la exposición. Como ya hemos mencionado un par de veces a lo largo de este libro, la exposición se refiere a confrontar el objeto de fobia repetida y sistemáticamente. Una de tus primeras respuestas a la idea de la terapia de exposición puede ser "no puedo hacer eso, esa es la razón por la cual estoy buscando ayuda; de otra forma, ya lo hubiera hecho hace mucho tiempo".

También puedes llegar a sentir que es demasiado doloroso llevar a cabo un programa donde debas de enfrentarte a lo que habías tratado de evadir. La verdad es que es muy difícil superar un miedo sin enfrentarse al objeto al que se le teme.

Esto es aplicable incluso si nunca te has visto cara a cara con este objeto. Cambiar tus pensamientos de la manera que hemos descrito anteriormente puede ayudarte a reducir el miedo, pero en la mayoría de los casos, los pensamientos son transformados más efectivamente como resultado de una práctica directa, repetida, y controlada con la situación u objeto temido.

Otra posibilidad es que ya hayas intentado la terapia de exposición anteriormente solo para darte cuenta de que no funcionó para ti. Las razones por la cual la exposición pudo no haber funcionado en el pasado pueden ser:

1. Puede que hayas creído realizar la exposición en vivo, pero realmente no lo hiciste. Por ejemplo, que te hayan forzado a estar en la situación no es lo mismo a experimentarla repetidamente con una meta específica.
2. Las prácticas repetidas no se hacían con suficiente frecuencia.
3. Distraerte a ti mismo mientras practicas tu situación fóbica puede contrarrestar los beneficios de la exposición. Así que tus intentos a la exposición pueden haberse frustrado si, por ejemplo, al salir a un balcón

para superar tu miedo a las alturas estuviste la mayor parte del tiempo concentrándote en otras cosas para mantener tu mente ocupada y lejos de los pensamientos catastróficos que debías aprender a manejar.

Si tus intentos previos de exposición no han tenido éxito, considera si realmente alguno de estos factores jugó un rol en la falta de él.

¿Por qué debes confrontar los objetos o situaciones que con frecuencia intentas evadir? Como mencionamos en capítulos anteriores, la evitación interfiere con la superación de tu miedo. Evitar un objeto al que le temes previene que aprendas maneras de lidiar con la situación y previene un aprendizaje sobre lo que te preocupa más en la situación. Por ejemplo, ¿cómo puedes estar completamente convencido de que no te caerás de un balcón si nunca has estado en uno?

La evitación interfiere con el aprendizaje incluso cuando es una evitación sutil. Por ejemplo, si no miras la inyección, los pensamientos temerosos como "la aguja dañará mi piel horriblemente" o "la aguja será muy larga" permanecerán intactos. Solo mirando la inyección directamente un individuo puede aprender que la piel no resulta dañada o que la aguja no es tan grande como se esperaba.

Las jerarquías de exposición

Este es un concepto que hemos mencionado bastante a lo largo del libro, por supuesto simplemente aventarte al ruedo y enfrentarte directamente a tu peor miedo sería considerado tortura. La terapia de exposición en realidad empieza por desarrollar una lista muy específica de situaciones que representan encuentros progresivamente más difíciles de enfrentar con la situación u objeto al cual se le teme.

Usualmente, esta lista de situaciones es generada a partir de temas específicos relacionados con la cantidad de miedo que se experimenta. Para algunas personas, el tema puede ser la proximidad al objeto – por ejemplo, estar a tres metros del barandal de un balcón es mucho más fácil que estar a unos cuantos pasos. Para otros, el tema más importante es el tiempo, como estar en un cuarto pequeño por 10 minutos en lugar de 20 o 30. El tamaño también es uno de los temas principales, un animal grande es más atemorizante que uno pequeño.

. . .

Además de los ejemplos que mencionaremos a lo largo de este capítulo, puedes consultar las jerarquías sugeridas para tu fobia específica en uno de los capítulos anteriores.

Sin embargo, si quieres personalizar la jerarquía para que se adapte a tus niveles particulares de miedo te invito a seguir leyendo.

El primer paso para desarrollar tu propia jerarquía es escoger qué tema o temas son importantes para la cantidad de miedo que experimentas ante tu fobia (si tienes más de una, nos referimos a la fobia que has decidido tratar primero). Después genera una lista de aproximadamente 10 artículos que incorporen diferentes niveles de estos temas. La lista debe incluir un rango de situaciones, unas que sean sencillas y otras un tanto difíciles. Así que, por ejemplo, la persona que le teme a manejar puede incluir manejar distancias cortas y largas, o caminos solitarios u transitados. Los conceptos en la jerarquía deben ser suficientemente específicos y detallados. Por ejemplo: Ver a una araña a través de un vidrio a un metro de distancia. Este es un concepto mucho más útil que solo "ver una araña".

. . .

No te preocupes por hacer una lista perfecta, porque tendrás oportunidad posteriormente de revisar y/o refinar la lista más adelante. Enlista las situaciones en orden de dificultad, las más difíciles primero y las más sencillas hasta el final. Atribuye a cada concepto un nivel de ansiedad, puedes usar la siguiente escala:

- 0 = nada de miedo
- 25 = un poco de miedo
- 50 = miedo moderado
- 75 = miedo fuerte
- 100 = miedo extremo

El propio miedo que sientes puede volver muy difícil el que realices muchas de las tareas necesarias para que el tratamiento sea exitoso. En ocasiones te será casi imposible encontrar las cosas que necesitas (por ejemplo una serpiente específica o de cierto tamaño) para tus prácticas de exposición, y también puede ser difícil mantenerte dentro de tu situación temida por ti mismo (por ejemplo, si tienes que estar en un avión o un tren), especialmente al principio del proceso.

Una de las primeras cosas que debes obtener es alguien que te ayude. De ser posible, lo mejor es tener a un terapeuta entrenado durante tus sesiones de exposición. Sin embargo, si esto no es posible, tu ayudante puede ser un amigo, familiar, o pareja siempre y cuando no compartan la fobia ni tengan miedo a las situaciones en las que te puedas poner.

Tú y tu ayudante deben encontrar maneras de recrear las situaciones que colocaste en tu jerarquía. Tu ayudante puede asistirte obteniendo los objetos que necesites si eres incapaz de hacer. Una ventaja de que tu ayudante sea un terapeuta entrenado es que probablemente haya realizado los ejercicios antes y tenga una mayor facilidad para obtener los artículos que pudieras necesitar.

Tu ayudante deberá demostrarte las diferentes prácticas antes de que tú las realices. Por ejemplo, si tu práctica de exposición es recibir una inyección, tu ayudante deberá recibir una primero, esto te ayudará a entender y procesar mejor que estas situaciones no son peligrosas ni dolorosas. Observar a tu persona de apoyo realizar las actividades que te atemorizan te ayudará a minimizar tu miedo.

Además, tu ayudante deberá apoyarte, estar dispuesto a responder preguntas y proveerte con información sobre la situación, animarte cuando hayas tenido progreso, proveerte de diversión, y demostrar empatía durante las sesiones de exposición. Si te desmayas con frecuencia, gritas, tiemblas, o lloras durante la situación de exposición tu ayudante deberá estar preparado para ello. Muchas personas perciben incorrectamente que llorar y gritar son señales para dejar de conducir la exposición o tomarse un descanso.

Tú y tu ayudante deben comprender que llorar, gritar, y temblar es normal durante las prácticas. No son señales de que debemos detenernos, sino que debemos de continuar hasta que hayas aprendido que las consecuencias a las que les temías no ocurren o que puedes lidiar con lo que suceda.

Tu ayudante debe de entender que es responsable de tus necesidades. Tú deberás de ser quien determine lo que estás dispuesto o no estás dispuesto a hacer durante las prácticas. El rol del ayudante es apoyarte en el logro de tus metas. Por otro lado, el ayudante debe ser firme y no rendirse demasiado fácil. Debes considerar las sugerencias de tu ayudante con cuidado antes de decidir tomar el siguiente paso.

El momento de la exposición

· · ·

En este punto has examinado tus respuestas, identificado los objetos, situaciones, y sensaciones físicas a las cuales les temes, has llevado un registro de los pensamientos que te generan ansiedad y tus comportamientos de evasión que contribuyen a la permanencia de tu fobia. También tienes una mejor noción sobre a qué le tienes miedo y has logrado identificar y retar ciertas distorsiones en tu pensamiento sobre el objeto o situación a la cual le temes.

Antes de empezar a practicar la exposición hay algunas sugerencias que debes tomar en cuenta. Primero, la exposición es más efectiva cuando las prácticas duran lo suficiente para que aprendas que, sin importar cuál era tu preocupación, es poco probable que tus pensamientos negativos se hagan realidad o que puedes lidiar con ellos aun si sucedieran.

De manera similar, la exposición es más efectiva cuando repites las prácticas durante suficiente tiempo para que puedas comprender que tus preocupaciones no se van a materializar, o que puedas aprender a lidiar con lo que te encuentres.

Al mantenerte en la situación a pesar de tu miedo aprenderás que tus miedos nunca o muy pocas veces se vuelven realidad y que eres capaz de lidiar con tus pensamientos negativos. Eventualmente, tus miedos y fobias se van a minimizar.

Planea prácticas que duren al menos 30 minutos, y preferentemente una hora o más, para que puedas practicar estar en la situación que te causa miedo por cierto periodo de tiempo o la cierta cantidad de veces que consideres más efectiva para hacerte darte cuenta de que tus peores expectativas son poco probables que se vuelvan realidad. No bases la duración de la práctica en cuanto miedo o ansiedad sientes, sino en lo que decidas fríamente que es la duración más efectiva.

Si el miedo se vuelve demasiado abrumador es bueno tomarse un descanso, pero procura volver a ponerte en la situación tan rápido como sea posible. Recuerda que la evitación puede reforzar tu miedo a largo plazo.

La importancia del espaciado de las prácticas

La exposición funciona mejor cuando las prácticas se realizan con poco espacio entre ellas. Por ejemplo, es mejor practicar todos los días que practicar una o dos veces a la semana. Te recomiendo que practiques al menos tres o cuatro veces a la semana, particularmente al inicio de tu tratamiento. Practicar más frecuentemente es aún mejor, aunque es una buena idea tomar un día de descanso al menos una vez a la semana para darte tiempo de descansar y consolidar lo que has aprendido. A medida que el tratamiento progresa y tu miedo desaparece se vuelve más útil espaciar tus prácticas para analizar con detenimiento lo que has aprendido.

La exposición se puede realizar en un formato gradual que te permita progresar a una velocidad que te sea cómoda. Este enfoque progresivo es lo que llamamos "exposición gradual". El enfoque alternativo a este es empezar la exposición con el artículo de la lista más difícil o llevar a cabo los elementos de la lista más rápidamente.

Ambos enfoques tienen una ventaja, pero sin importar cuál escojas tu miedo desaparecerá eventualmente. Con la exposición intensiva, superarás tu miedo más pronto, pero es posible que experimentes una cantidad más intensa de incomodidad y ansiedad a lo largo del mismo.

Además, al abordar las situaciones más terroríficas primero, las actividades menos terroríficas de tu jerarquía parecerán más sencillas y menos intensas. Con la exposición gradual, te llevará más tiempo superar tu fobia, pero el proceso es menos intenso. También, al progresar gradualmente, los elementos más difíciles de tu lista se volverán más sencillos como resultado de la confianza que te generarán las situaciones menos difíciles.

En general, la recomendación es que vayas tan rápido como quieras. Es útil el presionarte un poco, pero no tienes que irte a los extremos a no ser que quieras y estés listo para ello.

Si te das cuenta de que has tomado un paso que es demasiado grande o terrorífico, está bien bajar la intensidad y tomar pasos más pequeños. Sin embargo, la exposición intensiva puede ser apropiada si estás cerca de una fecha delimitada antes de la cual quieres superar tu miedo o reducirlo de manera significativa (por ejemplo, si próximamente tienes que tomar un vuelo importante).

¿Qué tan lejos debe llegar una persona en estas prácticas? Ir más allá de lo que normalmente harías es de mucha ayuda, en especial si quieres resultados permanentes.

Entre más lo hagas, menos probable será que tu miedo regrese en el futuro. Así que, incluye pasos finales en la parte más alta de tu jerarquía que sean particularmente difíciles. Es importante, también, que la dificultad no es sinónimo de peligro. Recuerda hacer tus prácticas en un ambiente controlado y donde no corras un riesgo real, tu ayudante podrá apoyarte en analizar objetivamente las situaciones que has escogido.

Existen varias formas en las que puedes completar una práctica de exposición. Una es hacerlo con rapidez, con la esperanza de que eventualmente la terminarás y desesperadamente queriendo que se termine lo antes posible; otra es proceder con cuidado y dudas extremas.

Y otra forma más de hacerlo es realizar todos los aspectos de la situación pretendiendo que no tienes miedo.

Por ejemplo, asumamos que tu tarea de exposición fue caminar sobre un puente. Puedes hacer esto caminando rápidamente a través del puente sin siquiera mirar por la orilla (esto, si puedes notar, es una técnica de evitación). Alternativamente, podrías caminar a una velocidad promedio y detenerte de vez en cuando a mirar sobre el reposa manos. A largo plazo, el segundo enfoque es de mayor ayuda a tu superación del miedo.

. . .

El primer enfoque puede ser la única manera en la que puedes completar la práctica las primeras veces. Es decir, puede que solo tengas éxito si caminas rápidamente y solo mirando hacia el frente mientras lo haces. Sin embargo, las prácticas deberán continuar hasta que seas capaz de caminar lentamente y mirar sobre la orilla del puente. En otras palabras, todos los comportamientos de evitación obvios que ya has identificado previamente deberán ser eliminados eventualmente para que la práctica pueda ser completada sin ninguna estrategia de evitación.

Recuerda, estas incluyen la distracción, comportamientos sobreprotectores, medicamentos, y señales de seguridad. Eventualmente, aunque no necesariamente al inicio de tus prácticas, cada situación deberá ser practicada sin la ayuda de tus estrategias de evitación y comportamientos de seguridad.

¿Qué puedes esperar?

Gracias a los años de investigación, hemos descubierto que la predictibilidad minimiza los miedos y las fobias. En otras palabras, saber qué puedes esperar generalmente hace que una tarea sea más fácil. Por eso es por lo que usualmente ayuda si los pacientes de una cirugía son informados de los procedimientos médicos que se les realizarán y qué tipos de incomodidades físicas pueden esperar después de una cirugía. El mismo principio aplica a las prácticas de exposición, aunque no puedes saber todo lo que pasará, te ayudará a tener expectativas reales sobre el objeto o situación y las reacciones que puedes tener ante ella.

Si hablamos de las expectativas sobre el objeto o situación, la información que hayas recopilado previamente te ayudará. Al leer o hablar con varios expertos aprenderás más sobre las características de las serpientes, aviones, o lo que sea a lo que le temas.

Además, planea con anticipación las exposiciones específicas que realizarás en cada práctica. Por ejemplo, asumamos que tu tarea es manejar en una autopista.

Antes de tu primera práctica, puede ser de ayuda ir como pasajero con otra persona al volante, de esta forma tendrás la oportunidad de aprender sobre las características del camino. Entre menos sorpresas te encuentres durante la exposición inicial, más fácil te será realizarlas. Por supuesto, a medida que adquieres más confianza las sorpresas no importarán tanto.

Situaciones imaginarias vs. Exposición en vivo

Un objeto o situación fóbica puede ser practicada en la vida real o en la imaginación de un individuo. Muchos profesionales recomiendan la exposición en vivo gracias a que parece tener mejores efectos. Sin embargo, la exposición imaginaria es muy valiosa bajo ciertas condiciones, como cuando es impráctico llevar a cabo exposiciones continuas al objeto o situación. La exposición imaginaria también es útil cuando tu nivel de miedo es tan intenso que eres incapaz de empezar con la confrontación directa. De esta forma, la exposición imaginaria puede ser un elemento primerizo en tu jerarquía.

En otras palabras, puedes empezar imaginando la situación fóbica las suficientes veces como para poder imaginarla sin miedo, y luego continuar con la exposición real.

Sin embargo, existen ciertas desventajas en la exposición imaginaria. Por ejemplo, imaginar no es una tarea que sea particularmente fácil, no todos pueden imaginar bien. Si es demasiado difícil para ti imaginar el objeto o experimentar miedo mientras imaginas el objeto entonces puede que la exposición imaginaria no sea lo que necesitas. También, la exposición imaginaria no lleva necesariamente a reducir el miedo cuando el objeto o situación finalmente es encarado en la vida real. En otras palabras, la reducción imaginaria del miedo no lleva a una reducción real del miedo en todos los casos. Por estas razones, la exposición imaginaria deberá ser acompañada de exposición en vivo de ser posible.

Supera el miedo a las sensaciones físicas

Previamente aprendimos sobre las sensaciones que pueden surgir en el cuerpo cuando somos confrontados con el objeto o situación temida. Los miedos a estas sensaciones corporales con frecuencia están basados en interpretaciones erróneas de que estas sensaciones son peligrosas.

Por ejemplo, sentir debilidad en tus piernas cuando estás parado en un balcón a 10 pisos sobre el suelo puede ser percibido como una posibilidad de caerte de él.

Como puedes ver, las percepciones incorrectas de las sensaciones pueden intensificar el miedo que ya experimentas como respuesta al objeto o situaciones a la que le temes. Parece ser que las personas que le temen a las sensaciones físicas se pueden beneficiar de las prácticas de exposición que específicamente abarquen el miedo de las sensaciones que surgen como respuesta al miedo. Una vez que el miedo inicial que sentías hacia al objeto se haya reducido, puedes incrementar la intensidad de la exposición añadiendo ejercicios diseñados para generar las sensaciones a las que le temes. Sin embargo, si no te sientes incómodo por las sensaciones físicas, entonces puedes no tomar en cuenta los siguientes consejos.

De otra manera, empieza pensando diferentes formas de generarte sensaciones que te incomoden de manera deliberada. Estos deben de ser métodos que puedas aplicar cuando te estés enfrentando con tu situación fóbica. De nuevo, la idea es aprender que ni el objeto o situación son peligrosos ni es potencialmente dañino experimentar estos sentimientos mientras te encuentras expuesto a la situación.

Por ejemplo, la mujer que le teme a sentirse débil de los brazos mientras está manejando podría inducir la sensación en los brazos al estrecharlos por 30 segundos y después sentir debilidad. Puedes realizar alguno de estos ejercicios para inducir sensaciones físicas durante la confrontación con objetos o situaciones fóbicas:

- Maneja con la calefacción encendida y las ventanas arriba.
- Utiliza ropa de lana, chaquetas, o ropa de cuello alto cuando subas a los elevadores.
- Gira tu cabeza rápidamente cuando estés en un balcón elevado.
- Contén la respiración cuando estés en un elevador o en un espacio cerrado.
- Toma un par de respiraciones hondas cuando estés en un elevador o en otro lugar cerrado.
- Bebe una taza de café cuando te encuentres en una situación fóbica.

Como se mencionó previamente, puedes practicar la exposición al objeto al principio sin una inducción a las sensaciones físicas y posteriormente realizar la misma práctica usando técnicas para deliberadamente provocar estas sensaciones.

Asegúrate de minimizar las formas de evitación. En el caso de las sensaciones, la evitación sutil puede tomar forma de hacer un ejercicio lentamente o con cuidado para evitar las sensaciones intensas, o limitar tus prácticas de los ejercicios a solo cuando alguien te está acompañando durante el evento. Esta última puede ser una buena estrategia al principio, pero eventualmente deberás ser capaz de inducir estas sensaciones por ti solo.

Puede que no importe cuantas prácticas realices si no cambias tus patrones de pensamiento. Como habíamos visto en capítulos anteriores, los pensamientos temerosos tienden a cambiar naturalmente como resultado de la práctica repetitiva, pero algunas veces pueden quedarse atorados, y ayuda el enfrentarlos directamente. Debes recordar que los pensamientos temerosos son enfrentados cuando obtenemos información correcta y al identificar y cuestionar distorsiones específicas de nuestro pensamiento. Así que es importante pasar cierto tiempo examinando las expectativas y pensamientos que tienes sobre la tarea a enfrentar antes de tu práctica de exposición.

Antes de cada práctica, enlista tus pensamientos negativos sobre la tarea.

¿Qué te preocupa más? A medida que hagas esto, ve más allá del pensamiento de sentir miedo e identificar qué preocupaciones te llevan a desarrollar ese miedo, o qué te preocupa de tener miedo durante la situación.

. . .

Después, considera si los pensamientos representan sobreestimaciones o una tendencia a la catástrofe; ¿hasta qué punto estás juzgando exageradamente la posibilidad de que cosas negativas sucedan? Y ¿hasta qué punto estás viendo la situación como mucho más inmanejable de lo que realmente es?

A continuación, cuestiona estos pensamientos examinando la evidencia y reconociendo la alternativa, una forma más realista de pensar. Al ensayar nuevas formas de pensar antes de la tarea de exposición, serás capaz de utilizar interpretaciones más realistas cuando te encuentres con el objeto temido.

Cambiar tus pensamientos fóbicos negativos y otros patrones de pensamiento es importante durante y después de las prácticas de exposición. A medida que el miedo se incrementa durante la práctica de exposición pregúntate lo siguiente:

1. ¿Qué crees que puede pasar?
2. ¿Qué tan probable es que pase?
3. ¿Qué es lo que, realistamente, es más probable que suceda?
4. ¿Qué haré para lidiar con esta situación?

Después de que completes la práctica de exposición, es muy importante que repitas la experiencia en tu mente.

Evalúa lo que pasó y lo que podrías hacer diferente la próxima vez. Cuidado con la autocrítica insana.

Recuerda, si sentiste miedo durante la práctica está bien, de hecho, es lo que podríamos esperar. Aprenderás más efectivamente si sientes cierta cantidad de miedo.

También, recuerda lo que has hecho en lugar de recordar cómo te sentiste. Por ejemplo, es mucho mejor recompensarte por haber manejado dos kilómetros en una autopista en lugar de criticarte por sentirte horrible mientras lo hacías.

De manera similar, recompensa tus logros; por ejemplo, otórgate un premio por tocar un animal al que le temías en lugar de reprocharte por no tocarlo más de lo que hiciste.

. . .

Cada logro, no importa lo pequeño que sea, contribuirá a tu progreso. Casi siempre los comportamientos cambian antes que los sentimientos. En otras palabras, serás capaz de confrontarte con los objetos antes de lo que te sentirás cómodo haciéndolo. Con práctica continua, los niveles de miedo disminuirán.

Vuelve tu progreso permanente

Una vez que hayas superado tu miedo, el siguiente paso es asegurarte de que nunca regrese. La mejor manera en la que puedes hacer esto es continuar con exposiciones ocasionales cada que tengas la oportunidad. Es importante que nunca evites o escapes las situaciones temidas en el futuro. Por ejemplo, si finalmente has superado tu miedo a los dentistas, asegúrate de tener citas regularmente y llevarlas a cabo. Si alguna vez tuviste una fobia a las arañas, haz un esfuerzo para acercarte a las arañas inofensivas cada vez que tengas la oportunidad.

Entre más prácticas la exposición en situaciones diferentes, mejor serán tus resultados a largo plazo. Puede que te des cuenta de que tu miedo disminuye solo en ciertas situaciones, por ejemplo, estás dispuesto a recibir inyecciones de un doctor en específico, pero aún tienes dificultad para que doctores desconocidos se acerquen a tu brazo. Hacer prácticas en una variedad de situaciones y contextos te ayudará a asegurarte de que esto no suceda.

Para la mayoría de las personas, el éxito que sienten al seguir un tratamiento será a largo plazo. Sin embargo, ocasionalmente algunos individuos pueden experimentar un regreso de su miedo. Esto puede suceder por al menos dos razones. La primera es que puedes encontrarte en una situación que es mucho más difícil que aquellas que habías practicado anteriormente. Por ejemplo, aunque puede que hayas superado con éxito el miedo a conducir sobre puentes en tu colonia, puede que aún te sea complicado manejar por puentes más grandes. Si te das cuenta de que una nueva situación está detonando tu miedo, enfoca la situación como cualquier otra práctica.

De manera similar, puedes encontrarte a tu objeto o situación temida en un contexto completamente nuevo, tal como pasaría si hubieras superado tu miedo a las arañas en habitaciones, pero si te encontraras con una mientras estuvieras caminando por tu patio.

El consejo más valioso que puedo darte en estas situaciones es que vuelvas a leer este libro o contactes al profesional que te ayudó durante las prácticas de exposición para encontrar nuevas formas de sobreponerte a la nueva situación o contexto.

La segunda razón por la cual el miedo de un individuo puede regresar es que la persona pasó un largo tiempo sin encontrarse en la situación temida. Si esto sucede, puede que sea necesario retomar las estrategias utilizadas anteriormente desde cero (ej. realizar prácticas de exposición, cambio de pensamientos, y otras de las habilidades que has aprendido a lo largo de este libro).

Puede existir incluso una tercera razón detrás de una regresión del miedo, y esta se debe al estrés (marital, económico, escolar, etc.). Al enfrentar estrés, las personas con frecuencia experimentan un estado crónico de emoción. Por ende, una situación que pueda causar un poco de miedo y que normalmente sería manejable puede llevar a una reacción más fuerte. Usualmente, cuando el estrés se disipa, tu miedo se minimizará al que sentías si estar sometido a él. Sin embargo, puede que sea importante incrementar la frecuencia de tus prácticas de exposición durante o inmediatamente después de un periodo estresante, particularmente si empiezas a sentir la necesidad de evitar la situación de nuevo.

Finalmente, el miedo a veces regresa en individuos que, posterior al tratamiento, experimentan un evento traumático que involucra a la situación u objeto temido. Por ejemplo, un procedimiento quirúrgico doloroso puede detonar el regreso de una fobia médica. Si una experiencia negativa detona un regreso de tu miedo, es muy importante que no la empieces a evitar de nuevo. En su lugar, deberás realizar todos los intentos posibles para volverte a colocar en la situación temida y practicar de nuevo hasta que tu miedo disminuya eventualmente.

7

Otros recursos para el manejo de la ansiedad

En este punto ya has obtenido gran cantidad de información que te será útil a lo largo de tu proceso de mejora o tratamiento de exposición. Sin embargo, la manera en la que te comportas y lidias con la ansiedad, es provocada por tu fobia u otras situaciones, en tu vida diaria también puede jugar un rol importante en la velocidad de progreso que puedes llegar a tener.

Una mente y cuerpo fuertes y sanos tienen mejores posibilidades de sanar más rápidamente que aquellos más débiles. Por ende, en este capítulo te ofrezco herramientas para aprender a nivelar, controlar, o eliminar el estrés y ansiedad de tu vida.

. . .

Al fin y al cabo, la base del miedo que sientes ante tu situación fóbica se reduce a la interpretación errónea de las sensaciones generadas por la ansiedad que sientes, si aprendes a controlar la ansiedad en situaciones no-fóbicas tendrás un mejor repertorio de herramientas para utilizar durante tus prácticas de exposición o al enfrentarte a la situación u objeto temido.

Relajación

La capacidad de relajarse está en la base de cualquier programa que se lleve a cabo para superar la ansiedad, fobias, o ataques de pánico. Muchas de las otras herramientas descritas en este libro, como la desensibilización, visualización, cambios de patrones de pensamientos negativos, el cambio del discurso negativo, o eliminar el pensamiento catastrófico están basados en la capacidad de alcanzar una relación profunda.

La relajación es mucho más que simplemente pasar el rato frente a la televisión o en la bañera al final del día – aunque, sin duda, estas actividades pueden ser altamente relajantes. El tipo de relajación que realmente impacta en el manejo de la ansiedad es la práctica regular y diaria de algún tipo de relajación profunda.

La relajación profunda se refiere a un estado fisiológico distintivo que es el opuesto de cómo tu cuerpo reacciona ante el estrés o durante un ataque de pánico. Este estado fue originalmente descrito por Herbert Benson en 1975 como la "respuesta de relajación" e involucra una serie de cambios físicos como:

- Disminución del ritmo cardíaco
- Disminución en el ritmo respiratorio
- Disminución en la presión sanguínea
- Disminución en la tensión muscular
- Disminución del ritmo metabólico y el consumo de oxígeno
- Disminución en el pensamiento analítico
- Incremento en la resistencia dérmica
- Incremento en la actividad de ondas alfa en el cerebro

La Práctica regular de la relajación profunda por veinte o treinta minutos al día puede producir, a lo largo del tiempo, una generalización de la relajación durante el resto de tu día. Después de varias semanas practicando la relajación profunda una vez al día, tenderás a sentirte más relajado todo el tiempo.

. . .

Existen muchos otros beneficios documentados de este estado de relajación y su práctica cotidiana, por ejemplo:

- Reducción de la ansiedad general. Puede reducir la frecuencia e intensidad de los ataques de pánico.
- Prevenir que el estrés sea acumulativo. El estrés tiende a acumularse con el tiempo. El estado de relajación profunda le da a tu cuerpo la oportunidad de recuperarse de los efectos del estrés.
- Incremento de los niveles de energía y productividad.
- Mejor concentración y memoria.
- Reducción del insomnio y la fatiga. Aprender a relajarte puede llevarte a dormir más profundamente y mejor.
- Prevención y/o reducción de desórdenes psicosomáticos como la hipertensión, migrañas, dolores de cabeza, asma, y úlceras.
- Incremento en la confianza y autocrítica reducida.
- Incremento de accesibilidad de las emociones. La tensión muscular es uno de los impedimentos principales para alcanzar la consciencia de tus sentimientos.

¿Cómo puedes llegar a un estado profundo de relajación? Algunos de los métodos más populares incluyen:

1. Respiración abdominal
2. Relajación muscular progresiva
3. Relajación muscular pasiva
4. Visualizar una escena pacífica
5. Imaginación guiada
6. Meditación
7. Bioretroalimentación
8. Deprivación sensorial
9. Yoga
10. Música relajante

Para efectos de este libro, te daré una guía de ejercicio para realizar los cinco primeros de la lista, estos tienden a ser los más comunes y fáciles de llevar a cabo sin ayuda de un profesional o con presupuestos reducidos, así que si tienes dificultades para acceder a las técnicas más elaboradas, sin importar cuáles sean estas razones, puedes optar por alguna de las cinco técnicas que te mostraré a continuación

. . .

Ejercicio para respiración abdominal:

1. Nota el nivel de tensión que sientes. Coloca una mano en tu abdomen justo debajo de tu caja torácica.
2. Inhala lenta y profundamente por tu nariz y hasta el fondo de tus pulmones, intenta pasar el aire lo más profundo que puedas, de forma que la mano que está descansando sobre tu estómago se levante.
3. Cuando hayas tomado una bocanada de aire completa, pausa un segundo y luego exhala lentamente por tu nariz o boca, como prefieras. Asegúrate de exhalar por completo, y mientras exhalas relaja tu cuerpo por completo.
4. Realiza diez de estas lentas y completas respiraciones abdominales. Intenta mantener tu respiración regular y fluida, sin devorarte el aire en una sola bocanada. Te ayudará a reducir tu respiración si lentamente cuentas hasta cuatro cada vez que inhales y exhales. Recuerda pasar por un momento cuando estés inhalando. Cuenta hasta diez cuando estés exhalando.
5. Extiende el ejercicio si lo deseas haciendo dos o tres "sets" de respiraciones abdominales. Cinco minutos de respiración abdominal

tendrán un efecto pronunciado en reducir la ansiedad o síntomas tempranos de pánico.

Técnica de relajación muscular progresiva:

Esta técnica involucra relajar y tensar los músculos, así que antes de comenzar deberás tomar en consideración lo siguiente:

- Asegúrate de estar en un ambiente callado y cómodo.
- Cuando tenses un grupo muscular hazlo vigorosamente, sin lastimarle, por siete o diez segundos.
- Concéntrate en lo que está pasando. Siente como incrementa la tensión en cada grupo muscular. También ayuda visualizar como el grupo se tensa.
- Cuando relajes los músculos, hazlo abruptamente, y luego relájate, disfruta de la sensación de relajación.
- Permite que otros músculos de tu cuerpo se mantengan relajados mientras trabajas en el grupo específico.
- Tensa y relaja cada grupo muscular una vez.

Pero si un área en específico se siente más apretada, puedes tensar y relajarla dos o tres veces con una ventana de 20 segundos.

Una vez que hayas encontrado un espacio apropiado, sigue estas instrucciones:

1. Para empezar, realiza tres respiraciones abdominales.
2. Aprieta tus puños. Sostén la posición por siete o diez segundos y luego suéltalos por quince o veinte segundos. Utiliza este mismo intervalo de tiempo para otros músculos.
3. Tensa tus bíceps, puedes hacerlo extendiendo tus brazos de lado a lado y luego doblando tus antebrazos hacia tus hombros como presumiendo tus músculos. Sostén la posición y luego relájalos.
4. Tensa tus tríceps, puedes hacerlo extendiendo tus brazos hacia los lados con toda la fuerza que tengas. Sostén la posición y luego relájate.
5. Tensa los músculos de tu frente levantando tus cejas tanto como puedas. Sostén la posición y relájala.
6. Tensa los músculos alrededor de tus ojos

cerrándolos tan fuerte como puedas. Resiste en esa posición y luego relajados.
7. Aprieta tu mandíbula abriendo tu boca tanto como puedas, luego relájate.
8. Aprieta los músculos en la parte de atrás de tu cuello, hazlo arrojando tu cabeza hacia atrás, como si intentaras tocar tu espalda con ella. Concéntrate solo en tensar los músculos de tu cuello.
9. Toma un par de respiraciones profundas y luego permite que tu cabeza caiga en cualquier superficie lentamente.
10. Tensa tus hombros elevándolos como si intentaras tocar tus orejas. Sostén la posición y luego relájate.
11. Puedes apretar los músculos alrededor de tus omoplatos empujando tus hombros tan atrás como te sea posible. Puedes realizar este un par de veces, ya que es un área particularmente tensa.
12. Tensa los músculos de tu pecho tomando una respiración profunda y sosteniendo el aire dentro por diez segundos.
13. Aprieta tus músculos del estómago succionándolo hacia adentro. Sostén la posición y luego déjalo relajarse.
14. Aprieta la parte baja de tu espada haciendo

un pequeño arco con ella. Sostén y déjala caer de nuevo.

15. Aprieta tus glúteos tratando de juntarlos. Sostén y luego relájate.
16. Aprieta los músculos de tus muslos hasta tus rodillas. Puede que también debas apretar tus caderas, ya que el grupo muscular está interconectado. Sostén y después relaja.
17. Aprieta los músculos de tus pantorrillas haciendo que los dedos de tus pies apunten en tu dirección. Sostén y relaja.
18. Aprieta tus pies haciendo que tus dedos se doblen hacia abajo. Sostén y relaja.
19. Mentalmente escanea tu cuerpo en busca de tensión que pueda permanecer, para estos grupos repite dos o tres ciclos de relajación.
20. Ahora imagina como la ola de relajación lentamente se expande por todo tu cuerpo, empezando por tu cabeza y gradualmente llegando a todos los músculos de tu cuerpo.

Recuerda que para que esto pueda ser eficiente deberás realizar con cierta cotidianeidad. La disciplina es clave para alcanzar el bienestar.

. . .

Relajación muscular pasiva:

Esta es una técnica excelente para relajar los músculos tensos. Generalmente, lo recomendable es que te acuestes en una superficie cómoda con los ojos cerrados. Típicamente, existen muchos discos digitales o audios especiales para realizar este ejercicio guiado, sin embargo, puedes utilizar el siguiente guion para realizar tu propio audio.

Grábalo en tu celular o dispositivo, utiliza una voz suave y calmada, procura que las instrucciones sean claras y tu dicción entendible:

Empieza tomando dos o tres respiraciones abdominales profundas y permítete relajarte contra la silla, cama, o cualquier superficie en la que te encuentres. Siéntete completamente cómodo. Deja que este sea un momento solo para ti, deja de lado las preocupaciones del día y vuelve este tiempo solo tuyo. (Pausa.)

Deja que cada parte de tu cuerpo comience a relajarse, empezando por tus pies. Imagina que tus pies se están dejando caer en estos momentos. Deja ir cualquier tensión que aún permanezca en ellos. Imagina como la tensión se escapa a través de ellos. (Pausa.)

. . .

Mientras tus pies se relajan, imagina la relajación expandiéndose hacia tus pantorrillas. Deja que los músculos en ellas se relajen y suelten, y deja ir la tensión. Permite que cualquier tensión que aún sientes en ellas simplemente se escape fácil y rápidamente. (Pausa.)

Ahora que tus pantorrillas se han relajado, permite que la relajación suba todavía más hacia tus muslos. Deja que los músculos de tus muslos se relajen y sean tan suaves que puedas relajarte completamente.

Puede que empieces a sentir como tus piernas se relajan más y más. Puede que te des cuenta de que tus piernas ahora están más pesadas porque cada vez te relajas más y más. (Pausa.)

Continúa ahora y permite que la relajación se mueva hacia tus caderas. Siente como la tensión excesiva en ellas se disuelve y flota lejos de ti. (Pausa.)

Pronto permitirás que la relajación se mueva hacia el área de tu estómago. Deja ir todo el estrés que está en esta área – déjalo ir ahora, imagina sensaciones profundas de relajación que se expanden por todo tu abdomen. (Pausa.)

. . .

Mientras tu estómago se relaja, continúa permitiendo que la relajación se mueva hacia tu pecho. Todos los músculos en tu pecho se pueden relajar y dejar ir. Cada vez que exhalas, imagina que dejas salir toda la tensión que queda en tu pecho hasta que este se sienta completamente relajado. Deja que la relajación se profundice y expanda por tu pecho, estómago, y piernas. (Pausa.)

Pronto podrás permitir que la relajación se mueva hacia tus hombros – solo deja las sensaciones profundas de calma y relajación expandirse a lo largo de los músculos de tus hombros. Deja que tus hombros se caigan, permíteles sentirse completamente relajados.

Ahora permite que la relajación de tus hombros se mueva hacia tus brazos, se expande a lo largo de tus músculos superiores, hacia tus codos, y antebrazos, y finalmente hasta tus muñecas y manos. Deja que tus brazos se relajen, disfruta del sentimiento de relajación en ellos. (Pausa.)

Deja de lado cualquier preocupación, cualquier pensamiento incómodo o poco placentero en este momento. Permítete estar completamente presente en el momento mientras te relajas más y más. (Pausa.)

. . .

Puedes sentir como la relajación se mueve hacia tu cuello. Todos los músculos en tu cuello se relajan, suavizan, y dejan ir completamente. Solo imagina los músculos de tu cuello relajándose como una cuerda enredada que se suelta. (Pausa.)

Muy pronto, la relajación puede moverse hacia tu barbilla y quijada. Permite que tu quijada se relaje y se suelte. A medida que se relajan, imagina que la relajación se mueve hacia el área alrededor de tus ojos. Cualquier tensión alrededor de tus ojos puede simplemente disiparse e irse lejos cuando le permitas a tus ojos relajarse completamente. Ahora deja que tu frente se relaje también – deja que los músculos de tu frente se suavicen y relajen completamente, nota el peso de tu cabeza en contra de la superficie donde estás apoyado mientras dejas que tu cabeza entera se relaje por completo. (Pausa.)

Simplemente disfruta del gran sentimiento que te deja la relajación por todo tu cuerpo – permítete caer más profundamente en la quietud y paz – estando más y más en contacto con ese lugar dentro de la paz y serenidad perfectas.

La escena pacífica:

Algunos de estos ejercicios pueden ser más útiles si se realizan de manera complementaria. Es decir, puedes realizar el ejercicio de la escena pacífica después de realizar un ejercicio de relajación muscular. Imaginarte en un ambiente pacífico puede darte una sensación de relajación que te libere de pensamientos ansiosos. Entre ejemplos de estos puedes encontrar una playa abandonada donde estés solo, un bosque calmado y lleno de aromas frescos, o en la comodidad de tu hogar rodeado de las cosas que amas.

Puedes realizar el siguiente ejercicio: Utiliza una hoja de papel para diseñar tu propia escena pacífica. Asegúrate de describirla con mucho detalle, y que estimule todos los sentidos posibles, puedes ayudarte de estas preguntas:

- ¿Cómo se ve la escena?
- ¿Qué colores son prominentes?
- ¿Qué sonidos están presentes?
- ¿Qué hora del día es?
- ¿Cuál es la temperatura?
- ¿Qué estás tocando o tiene contacto físico contigo en la escena?
- ¿A qué huele el aire?
- ¿Estás solo o con alguien más?

De la misma forma que con el ejercicio anterior, puedes apoyarte de un audio encontrado en internet o grabar tu propio audio. Puedes utilizar este guión para apoyarte:

Piensa en relajar cada músculo de tu cuerpo, desde la parte superior de tu cabeza hasta las puntas de tus pies. (Pausa.)

Mientras exhalas, imagina dejar salir toda la tensión sobrante de tu cuerpo, mente, o pensamientos ... deja ir ese estrés (Pausa.)

Y con cada bocanada de aire que inhales, siente que tu cuerpo cae más profundamente en relajación (Pausa.)

Ahora imagina que estás en tu escena pacífica ... imagina tu lugar especial tan vívidamente como te sea posible, como si estuvieras realmente ahí. (Aquí la descripción de tu escena)

Te sientes cómodo en este lugar hermoso, y no hay nadie que pueda molestarte ... este es el lugar más pacífico del mundo para ti... solo imagina que estás ahí, sintiéndote como la paz corre a través de ti y fomenta una sensación de bienestar. Disfruta de estos pensamientos positivos ... permite que crezcan más y más fuertes. (Pausa)

. . .

Y recuerda, en cualquier momento que quieras, puedes regresar a este lugar especial solo tomando un momento para relajarte (Pausa.)

Estos sentimientos pacíficos y positivos de relajación pueden volverse más y más fuertes cada vez que elijas relajarte.

Una vez que has imaginado tu escena pacífica ideal, práctica regresar a ella cada vez que hagas un ejercicio de relajación muscular. Esto te ayudará a reforzar la escena en tu mente. Después de un rato estará establecida tan fuertemente que podrás regresar a ella en cualquier momento. Es preferible que no le realices muchos cambios a la escena, si está en constante cambio te será más difícil recordarla cada vez que quieras hacer el ejercicio, puedes añadir un par de cosas que te hagan sentir bienestar como una nueva mascota o pareja, pero procura que la integridad del lugar se mantenga constante.

Las visualizaciones guiadas:

Algunas personas disfrutan de escuchar de visualizaciones guiadas para relajarse. Sin embargo, estas pueden ser tan variadas que es poco probable que podamos desarrollar un guión absoluto, así que mi única recomendación es que te aventures en la red y encuentres un audio que te haga sentir bien y relajado.

Procura descargar o guardar más de uno y variados, puede que te canses del ejercicio si estás escuchando el mismo audio una y otra vez. Entre otras cosas, también se pueden incluir ruidos que concuerden con la escena que estás imaginando en tu escena pacífica.

Por ejemplo, si estás en la playa puedes descargar sonidos de olas rompiéndose a lo lejos, o quizá audios de gaviotas. Si estás en el bosque, los sonidos de insectos pueden darle un sentido más realista a tu visualización.

No hay una manera correcta o incorrecta de realizar esta técnica, solo te sugiero conseguir un material que verdaderamente te haga sentir cómodo y fomente la relajación de tu cuerpo.

El ejercicio físico

. . .

Uno de los métodos más efectivos para reducir la ansiedad general y superar una predisposición a los ataques de pánico es un programa de ejercicio vigoroso y regular. El ejercicio regular también puede tener un impacto directo en muchos otros factores fisiológicos que tienden a ser el problema base de la ansiedad, por ejemplo:

- Reducción de la tensión muscular, lo que es responsable de que tus sentimientos se sientan tensos.
- Un metabolismo más rápido que ayuda a filtrar la adrenalina y tiroxina de tu torrente sanguíneo, la presencia de estas tiende a mantenerte en un estado de emoción y alerta.
- Una descarga de frustración acumulada, que puede empeorar las reacciones fóbicas o de pánico.
- Mejora en la oxigenación de la sangre y el cerebro, lo que incrementa la alerta y concentración
- Estimulación de la producción de endorfinas, sustancias naturales que se parecen a la morfina químicamente: incrementan tu sentido de bienestar.
- Menor pH de la sangre, lo que incrementa tu energía
- Mejora en la circulación

- Mejora en la digestión y utilización de la comida
- Mejora en la eliminación de residuos
- Menores niveles de colesterol
- Menor presión sanguínea
- Pérdida de peso, supresión del apetito
- Mejora en la regulación del azúcar en la sangre.

De la misma manera, tiene muchos beneficios psicológicos que acompañan a estas mejoras físicas:

- Incremento en los sentimientos subjetivos de bienestar
- Reducción de la dependencia al alcohol y las drogas
- Reducción del insomnio
- Mejora en la concentración y memoria
- Reducción en la depresión
- Incremento de la autoestima
- Mejor sentido del control sobre la ansiedad

Los mejores tipos de ejercicio para el fomento de estos beneficios son los conocidos como cardiovasculares, en los cuales se encuentran: caminar, correr o trotar, nadar, hacer ciclismo, y las clases de aeróbicos. Si tienes problemas ejercitándote en casa puedes ir a un gimnasio local, o si vives en la ciudad puedes consultar sobre actividades aeróbicas al aire libre. Muchos programas gubernamentales a lo largo del mundo tienen programas de ejercicio gratuitos en la radio, televisión, o zonas comunes como parques y anfiteatros.

Si ya te encuentras realizando un programa de ejercicios y sientes que este no está teniendo un impacto inmediato en tu salud mental no te preocupes. En algunas personas toma tiempo, recuerda que este tratamiento debe de ser integral, el ejercicio no es una actividad mágica, es un hábito saludable que te apoyará en el proceso. No dejes de hacer actividad física si ya te encuentras en un programa.

Conclusión

El haber llegado a este punto, probablemente significa que has aprendido muchas cosas, desde el posible origen, las cualidades más importantes, los sentimientos que tu fobia te provoca, la forma en la que reacciona tu cuerpo ante ellos, y, lo más importante, has entendido que existe un camino para mejorar.

También has recopilado muchas herramientas que te pueden ser de ayuda. A partir de ahora, tomarás conciencia de los pensamientos que surgen durante tus ataques de ansiedad y pánico. Has obtenido herramientas útiles como técnicas de respiración y relajación que te ayudarán a manejar tu ansiedad y miedo con mayor facilidad.

. . .

Así mismo, aprendiste sobre la exposición en vivo, y seguramente estás considerando someterte a un tratamiento. Recuerda que no importa si lo haces con ayuda de un profesional o rodeado de tus seres amados, lo importante es mantenerte constante y no retroceder, no importa cuan duro puede parecer, recuerda que al final del camino existe una vida sin miedo, donde podrás volver a hacer esas cosas que hacías antes, o hacerlas por primera vez.

Dicho esto, nunca olvides que está bien tomarse un descanso. El proceso de mejora no es lineal, puede que unos días mejores más que otros, o puedes incluso tomarte atorado. Es importante que seas gentil contigo mismo y te des la oportunidad de fallar, superar un miedo no es sencillo, y toma muchísimo coraje. La gente a tu alrededor estará orgullosa de que estés tomando este paso.

Los hábitos que incorpores a partir de ahora no solo tendrán un efecto positivo en la disminución de tu miedo, sino también en tu salud mental en general.

Ahora que te he dado todo el conocimiento que tenía para ofrecerte, no me queda mucho más que desearte buena suerte en tu proceso de mejora, y recordarte que este libro siempre estará para guiarte en tu proceso las veces que lo necesites. ¡Mucho éxito!

www.ingramcontent.com/pod-product-compliance
Lightning Source LLC
LaVergne TN
LVHW011706060526
838200LV00051B/2781